彼得一世传

桂　石◎著

时代文艺出版社

图书在版编目（CIP）数据

彼得一世传 / 桂石著 . 一长春：时代文艺出版社，2015.12（2023.7重印）
（世界军事名人传记丛书）

ISBN 978-7-5387-4829-1

Ⅰ . ①彼… Ⅱ . ①桂… Ⅲ . ①彼得一世（1689～1725）－传记 Ⅳ . ①K835.127=4

中国版本图书馆CIP数据核字（2015）第210491号

出 品 人　陈　琛
责任编辑　孟宇婷
装帧设计　孙　利
排版制作　隋淑凤

彼得一世传

桂石 著

出版发行 / 时代文艺出版社
地址 / 长春市福祉大路5788号　龙腾国际大厦A座15层　邮编 / 130118
总编办 / 0431-81629751　发行部 / 0431-81629755
官方微博 / weibo.com / tlapress　天猫旗舰店 / sdwycbsgf.tmall.com
印刷 / 北京市一鑫印务有限公司
开本 / 710mm×1000mm　1 / 16　字数 / 132千字　印张 / 12
版次 / 2015年12月第1版　印次 / 2023年7月第3次印刷　定价 / 36.00元

目录

序言　改变俄国命运的伟人 / 001

第一章　狡诈的索菲亚

　　1. 他们共同的父亲 / 002

　　2. 争夺皇权 / 003

　　3. 野蛮摄政 / 007

　　4. 斩草除根 / 010

　　5. 彼得帮的复仇 014

第二章　成长中的彼得

　　1. 初露锋芒 / 020

　　2. 左膀右臂 / 023

　　3. 扬帆远航 / 033

　　4. 刺　杀 / 037

第三章　师"夷"长技

　　1. 隐姓埋名 / 040

　　2. 造船圣地 / 044

　　3. 改变行程 / 047

　　4. 美妙的经历 / 049

　　5. 叛乱 / 052

第四章　彻头彻尾的改变

　　1. 颠覆传统 / 060

2. 军事改革 / 064

3. 控制教会 / 066

4. 其他方面 / 069

第五章 开战

1. 点燃战火 / 076

2. 纳尔瓦失利 / 079

3. 翻身 / 083

4. 建立圣彼得堡 / 085

第六章 逆转

1. 叛徒 / 094

2. 波尔塔瓦会战 / 099

3. 强国外交 / 108

第七章 家人

1. 传奇皇后 / 120

2. 扭曲的成长 / 131

3. 周旋 / 135

4. 逃亡 / 144

5. 审判 / 152

6. 死亡 / 160

第八章 尾声 / 169

附 录

彼得一世生平 / 182

彼得一世年表 / 184

在17世纪末，俄罗斯还处在腐朽的封建农奴制度下，与此同时西欧各国纷纷走上资本主义的发展道路。相比之下，俄罗斯的国力日渐衰弱，统治阶级故步自封、墨守成规，远远落后于自己的邻居们。

就在整个社会惨淡无光的时候，一个"邪恶的天使"抓住了俄罗斯帝国的"权力之杖"。尽管他命运多舛，几次差点丧生于胞姐的手中，但他的坚强执着加上一点好运气使他最终获得了王权。这个极度落后的国家因为他的出现改变了命运，这个人就是彼得·阿列克谢耶维奇——彼得大帝。

"大帝"这一称谓与"皇帝"有着天壤之别，这是人们对于一些政绩斐然、对国家产生重大影响的帝王们最高级别的赞美，而本书的主人公就是其中一位，他被誉为"俄罗斯之父"。有人说，自18世纪起，整个俄罗斯的腾飞源于"彼得大帝意志"。马克思也曾经说过："18世纪最伟大的帝王莫过于两个人，一个是中国的康熙大帝，另一个是俄罗斯的彼得大帝。"

彼得超乎常人的远见卓识使他在那样腐朽的国度异常耀眼，他打破了长期以来由教会执掌的规则，率领使团远赴西欧强国考察学习。在隐姓埋名的前提下竭尽所能地了解各行各业先进的技术，学习各国先进的文化、科学以及管理理念。

回国后，彼得掀起了一场翻天覆地的改革。这次改革致力于提升俄罗斯的军事、经济实力，涉及诸多行业的技术革新等。为了达到目的，他触动了传统特权阶级的利益，使得这一旷日持久的改革备受阻挠，但彼得依靠自己的强硬手腕和残暴的个性竟然跨越了所有阻碍，这次改革的成功是俄罗斯此后日渐强大的根本原因。

为了获得出海口，打通纵贯东西的交通线，彼得不惜一切代价增强军事实力。他建立了俄罗斯海军并发动了著名的大北方战争。这场战争持续了二十一年，最终彼得成了这场战争的大赢家。他让瑞典这一曾经的波罗的海霸主从欧洲列强的名单中消失，取而代之的是俄罗斯帝国的名字。他在那座世界闻名的城市圣彼得堡倾注了毕生的心血，把它作为自己的家园，一手缔造了它。虽然过程十分惨烈，但丝毫不能掩盖其辉煌的成就。

作为一个势不可挡的君王，彼得的情感生活却一塌糊涂。他含泪处置了自己不争气的儿子，尽管王位永远是后继有人的，但他为此心力交瘁；彼得的魅力和强势让人不可抗拒，但他一生中仅有的三个女人最终都背叛了他。他一手执掌着至高无上的权力，另一只手中却一无所有，最后孤独终老。

即使是三百年后的今天，这个拥有两米多身高的传奇帝王依然是我们关注的焦点，他生活在乌云密布的环境中，却拥有洞悉一切的眼光；他在疾病和情感生活里饱受折磨，却缔造了这个拥有世界最大版图面积的国家的未来。

第一章 狡诈的索菲亚

1. 他们共同的父亲

在历史上封建王朝的政权更替向来伴随着惨烈的流血冲突以及充满了浪漫主义的悲剧，而这往往也是现代人阅读历史时最津津乐道的地方。同样，在彼得大帝一生中，其继承王位的这部分是极具传奇色彩的。让我们从他的家庭关系说起。

彼得的父亲，阿列克谢·米哈伊洛维奇，罗曼诺夫王朝的第二位沙皇，1645-1676年在位。他的第一位妻子玛丽与他生活了二十一年便去世了，她给丈夫生下了五个儿子，当时的医疗水平较低，加上孩子们的体质弱等多方面原因，只有费奥多尔和伊凡存活了下来。他们还育有众多女儿，但只有四女儿索菲娅得以在俄罗斯帝国政权名册中占有一席之地。

从古至今，作为一个成功者，最大的苦恼就是事业后继无人，更何况需要延续王朝的封建帝王。没错，阿列克谢沙皇还是有两个儿子的，但长子费奥多尔弱不禁风，一天到晚病怏怏的。次子伊凡更是终日忧郁颓废，时常癫痫病发作，神情迷离，似乎只活在自己的世界中。把政权交到这样的子嗣手里，阿列克谢是死都不会瞑目的。于是沙皇在玛丽去世两年后决定再婚，为了帝国的血脉，他也不得不这么做。

沙皇宣布了自己的决定，皇宫里瞬间骚动起来。各个家族都希望自己家中的小姐能成为皇后，这样家族就会在某种程度上被皇帝庇佑，高枕无忧。他们将自己家族中最健康、最美丽、最温文尔雅的处女献上供沙皇挑选。在一番冗杂仪式后，阿列克谢选择了纳塔莉娅·纳雷什金。事实上阿列克谢早与纳塔莉娅相识并对这年轻充满活力的姑娘产生好感，这次的宫廷"选秀"就这样被"潜规则"了。纳塔莉娅早已被沙皇"内定"，其余的姑娘只是走过场的分母罢了。

纳塔莉娅·纳雷什金顺利成为皇后，1672年5月30日，她为沙皇生了一个英俊健康又机灵的儿子，这就是本书的主人公：彼得·阿列克谢耶维奇——彼得大帝。

1676年1月29日，老沙皇阿列克谢病逝于克里姆林宫。按照沙俄习俗，长子费奥多尔即位，成为罗曼诺夫王朝的第三位沙皇。

2. 争夺皇权

费奥多尔即位时才十六岁，如此年幼本就无力执掌朝政，加上他体弱多病，所以这个沙皇便有名无实了，他所有的命令都是由替他掌管政务的顾问和大臣发出的。显而易见，这个随时都可能奄奄一息的病孩子已经不是皇亲国戚们注意的焦点，他手中早已握不住的"权力之杖"才是他们觊觎的东西。上面提到的阿列克谢的四女儿索菲娅，就是意在皇权的人之一。

按照那时的律法，皇室中的直系女性后代——也就是公主，是被剥夺继承权的。她们被严加看管，在适婚年龄前被关在修道院中——当然，是专门为皇室修建的豪华修道院。除了类似于被软禁的身份外，在里面可以享尽荣华富贵，以至于很多人心甘情愿地放弃体验这个世界上其他美妙之处的权利，但索菲娅却不是这样。

索菲娅拥有男人一样的体魄，她骨骼宽大，身材肥胖，绿色小眼睛，脸部伴随着间歇的神经性抽搐。她知道自己的丑陋，但这并未带给她丝毫自卑感，她渴望更多的东西，渴望像男人一样活着。其实这很好理解，在那个女性被禁锢自由、禁锢意识的时代，尤其是作为皇室，面目可憎或许更应该被看作是优点，这让她被迫拥有更强的征服欲望和执行能力，而不只是在修道院里泡澡吃甜点。

索菲娅无时无刻不在想着如何能逃出修道院，尤其是知道了自己的弟弟掌权后，她觉得自己更有机会堂而皇之地离开修道院。于是她向皇室请求前往克里姆林宫照顾体弱多病的弟弟，就这样，她来到了沙皇费奥多尔的身边。我们谁都无法知道她的初衷是什么，是为了利用年幼的沙皇还是纯粹源于姐弟情深。但事实是，随着她一直以来的殷勤照顾，年幼的沙皇也对她产生了依赖和信任，与此同时宫中贵族也向她伸出了友好之手，长年累月下来，她在宫中的威望大增。皇亲贵族们对她赞赏有加，评价甚高。顺理成章的，凭借着沙皇对她的依赖，人们把她和年轻的沙皇看作一体，逐渐地主动巴结她，讨她欢心，久而久之，索菲娅的权势也日渐扩大。当然，随着事态的发展，出现了一部分旧贵族站出来反对她，他们想通过一些手段来制约索菲娅日益增长的权势，谁也不会让一个丑女人这样轻而易举地踩在脚下。但索菲娅的聪明之处在于，她懂得政治家都懂的一个道理：掌握军权才是掌握一切的根本。

射击军，又被称为弓箭队、火枪队，是当时沙俄的一支非常强大的军队，拥有两万多人，大部分驻扎在莫斯科，类似于御林军、锦衣卫一样的角色。这是一队用特殊待遇供养的世袭制军队，除了厚禄之外他们的士兵甚至享有自由。这样的体制造成了军队内部纪律松散、难以管控的局面，很快他们便成了名副其实的雇佣兵。恰恰因为有这样"利益至上"的一队人马，他们的存在成了权力斗争的关键因素。索菲娅意识到，如果让这样一股力量为自己服务，那么她手里的"权力之杖"便握实了。就在那些旧贵族组成的小团体不断地制造阴谋设法削弱她权势的同时，射击军站在了索菲娅这边。索菲娅已经无后顾之忧，不知不觉中，国家政务的执行实际上已经全部是索菲娅在背后操纵了。

六年后，早已疲惫不堪的费奥多尔沙皇终于行将就木。多数贵族和百姓更倾向于彼得做皇帝，可能费奥多尔受到了权贵们的影响加上他本来的理智，他跳过了自己的亲弟弟伊凡并指定了彼得作为王位继承人。显而易见，一个神情恍惚并时常伴有癫痫的小可怜和一个健康英俊对事物充满好奇心的小精灵相比，这样的决定似乎是众望所归。但索菲娅十分恼火，因为如果是年仅十岁的彼得即位，那么彼得的生母纳塔莉娅自然就会成为辅佐朝政的摄政王，纳雷什金家族也就会掌控朝中一切事务，并对索菲娅保持警惕。同时彼得自小对朝政颇感兴趣，励精图治，将来必将顺利接手大权，这样索菲娅就只能在修道院度过余生了。相反，如果亲弟弟伊凡即位，她可以用对待费奥多尔的办法同样操纵伊凡，血浓于水，索菲娅必然大权在握。在加冕礼上，索菲娅佯装微笑地亲吻同父异母的弟弟彼得的手背，而心里却在盘算着一起阴谋。

索菲娅得到了射击军总司令赫万斯基的支持，二人合谋，在军队内部和人民中间谎称前沙皇是纳雷什金家族毒死的，而伊凡才是真正的王位继承人；同时他们还污蔑彼得以及他的支持者们要毒害所有的射击军军官，原因是他们担心射击军会为正义而拒绝与篡夺皇位者合作等等。索菲娅和赫万斯基宣称有两个御医是下毒的执行者。

谣言奏效了，射击军攻占了克里姆林宫，还有一部分莫斯科民众也参与到了政变的队伍中，而在平时是没有人敢随意踏进这里半步的。他们砸开宫门，首先杀死了两个无辜的御医。一些守卫皇城的士兵被活生生地从城墙上扔下来。射击军抓了一大批贵族和朝中大臣，在广场上以各种残忍的方式杀害了他们。老百姓们呼喊着伊凡的名字，后来又有人喊："让两个皇子一块做皇帝！"在这一系列血腥的屠杀中，纳塔莉娅失去了自己的哥哥。她在绝望中抱着小彼得从小路逃了出去，射击军一路尾随追杀，他们最终进入了一家皇室修道院。

在宗教国家里，很少会在圣所中发生杀戮，在人们心中大主教才是这个民族的精神领袖，对神灵的敬畏甚至超过了道德的约束。在这种情况下，圣所必然成了最好的避难选择。如果在别处被抓到，这母子俩必然难逃厄运，他们的头颅有可能被挂在长矛上，拿回去邀赏。事实上当纳塔莉娅推开修道院大门的时候，一个士兵甚至马上要抓到她的袖口了。她带着彼得躲到了教堂的祭坛下，士兵们这才咒骂着放下手中的刀。

在这一系列事件发生的同时，我们的主角彼得显示出惊人的冷静。作为一个十岁左右的儿童，他没有哭闹也没被吓得手足无措，相反他意识到了暴力的魅力，与流血的惨象相比，更能吸引他的反倒是刽子手手起刀落时可怕的力量，这让彼得幼小的心灵受到了极大的触动。

3. 野蛮摄政

为了结束暴乱，双方达成协议，决定由彼得和伊凡共同即位——两个沙皇联合执政。索菲娅得到了她想要的，已然拥有当时俄罗斯帝国最强大的势力，她也理所应当地成了摄政王。索菲娅把罹难者的家产分给了凶手们好让他们能够继续为自己卖命，但射击军好像并不领情。赫万斯基清楚地知道，没有射击军，索菲娅就不能调动任何力量，他理应获得更多的权势而不是仅仅在索菲娅手下任其调遣。射击军在城里像强盗似的无恶不作大肆掠夺，几近失控。索菲娅曾试图制止，但并没有奏效。为了安全起见，她重新躲回了修道院中。

赫万斯基召开军事会议，他煽动众人说："两个王子都不适合统治国家，伊凡病快快的像个傻瓜，而彼得年纪太小，谁也不能保证他长大了会不会得和伊凡同样的病。他们不能感激我们的良苦用心，更不可能对我们有任何回报。我作为射击军的长官有义务让大家得到更好的待遇！"

赫万斯基还试图让自己的儿子和索菲娅的妹妹凯瑟琳联姻，如果成功那么他就可以借机发动政变，扫除一切障碍。但他忘记了皇室至高无上的地位神圣不可侵犯。当他把联姻的想法告诉索菲娅时，索菲娅心中十分愤怒。一个雇佣兵居然想和皇室联姻，从此永享皇室的权力与荣耀，这是对皇室极大的侮辱。但是因为赫万斯基实际握有兵权，索菲娅并没有表现出任何不满，而是假装同意赫万斯基的提议，暗地里却动了杀机。

她宣布要在修道院为凯瑟琳公主举行一个庆祝仪式，并热情地邀请赫万斯基和他儿子一同参加。赫万斯基很高兴，认为可以借此促成儿子和凯瑟琳的婚姻大事。于是，仪式当天他带着儿子和几十个随从离开莫斯科前往修道院。不料在途中遭遇了索菲娅早已埋伏在那儿的一百多人的骑兵队。由于没有丝毫准备，赫万斯基在毫无抵抗的情况下被索菲娅俘虏了。他们被关进牢房，索菲亚宣布赫万斯基犯有叛国罪并处以死刑。就这样，赫万斯基和他的儿子当场被砍掉了脑袋，他再也不能策划任何阴谋了。

这一消息很快就传遍了全国。射击军当时还在莫斯科城内大肆进行破坏，听到这个消息，他们瞬间慌了神，有几个军官宣称要为他们的首长报仇，方式就是进行更加恶劣的破坏和掠夺。说来可笑，这只不过是为了他们更强烈的欲望找个合理的借口罢了。但这种暴行已触碰了一些良知尚存的人的底线，包括射击军内部也形成了一个反对派。他们希望和平过渡，归顺政府，不想再像流氓一样到处搞破坏。索菲娅派遣得力的手下——国务大臣加里奇处理此事，很快他就拉拢了射击军内部的大多数人，他们最终决定，杀死这次叛乱中几个主要的军官。射击军也宣誓效忠沙皇，并得到了政府的原谅。莫斯科很快恢复秩序，索菲娅重新回到了克里姆林宫，她终于大权在握，成了真正的最高统治者。

索菲娅先把亲信分派担任各个要职，然后把彼得和纳塔莉娅赶到了农村去居住。但客观上讲，彼得的农村经历对他产生了很大影响，尤其是在他遭遇困难以及碰到新鲜事物时展现出的那种对生活充满激情、永远活力四射的优良品质。

索菲娅1684年取得实际统治权，1689年结束统治。当内部权力稳固时，封建统治者往往都会进行领土扩张以争取更多的资源和版图。索菲娅的政府同样主张从沙俄西部和南部扩张领土，借此获得港口，他们认为如果没有海上通道，国家是无法生存的。恰在此时，波兰国王邀请俄罗斯人参加波兰与土耳其和鞑靼人的战争，和波兰一同攻打俄罗斯西南部的克里米亚地区，这是俄罗斯夺取黑海港口的绝佳时机。而且，波兰承诺割让基辅地区和斯摩棱斯克省直至第聂伯河地区给沙俄作为援兵的酬谢。就这样，索菲娅的军队出征了。

克里米亚地区及其东北方是鞑靼人在居住。鞑靼人的最高首领被称为可汗。可汗的地位比沙皇要高，实际上沙俄当时早已和克里米亚签订永久合约，合约里规定沙俄要按时纳贡，其中还有一条：当可汗和沙皇有机会碰面时，沙皇要为可汗扶马镫，同时用自己的帽子盛燕麦喂可汗的马。多数的沙俄贵族都在暗中抱怨与克里米亚的战争，他们希望安稳，一旦开战他们总觉得要大祸临头。

实际上他们的担心不无道理，战事并没有索菲娅想象的那样乐观，俄军损失了几万人。最终，军队最高统帅加里奇不情愿地从克里米亚撤军。但他害怕将战败的消息带回莫斯科会引起皇室的不满，而且在当时，通信手段极其落后，只要当事者统一口径，篡改事实是很容易的。于是加里奇在和鞑靼人讲和后派信使向沙皇及波兰国王报捷，声称在己方有利的情况下迫使鞑靼人讲和。索菲娅当即下令举国欢庆战事胜利，并起草表扬信在军中宣读，同时发放赏金，对部分军队高层加官晋爵。

在这场不成功的战争里出现了一个赫赫有名的军事将领——马泽帕，他出身波兰王室，因为与一个波兰贵族的妻子有染而被绑在一匹野马的背上，任野马狂奔穿越布满荆棘的丛林，最终几个哥萨克农民救起了他。他凭借着卓越的军事才能很快便在哥萨克部族中脱颖而出，成了一个部落酋长。如果说在战争过程中加里奇能听从马泽帕的建议，那么这场战争最终的结果可能会改变。

4. 斩草除根

上文提到，自射击军政变后，彼得和他的母亲一直生活在莫斯科近郊的一个小村子里，在那里他们有座小型的宫殿。这里远离各种阴谋与争斗，生活简单，民风淳朴。像大多数农村孩子一样，彼得经常奔跑在山野中，这让他练就了健壮的体魄。同时彼得拥有一群小玩伴，他们经常会玩一些模拟战争的游戏，随着年龄的增长，这群小玩伴已经长成了具有"一定实力"的青年兵团。彼得十六岁时，甚至还招募了一些闲散的奴隶、落魄贵族等加入队伍。彼得作为沙皇甚至还命人从军械库中拿出所有与正规军一模一样的军需品来装备队伍，当他们煞有其事地组织训练、模拟战争的时候，俨然就像一小股军队在进行军事行动。当然这一切的一切，只为了取乐和消遣，彼得作为一个沙皇当然有权力训练军队，但他还是个对一切事物充满好奇的孩子，他丝毫也没有意识到自己的"军队"已具备一定实力，也没有任何想要夺取政权的想法。彼得还和同伴试图将一艘破旧的英国帆船修补好，当他们在湖上航行并学习研究航海技术的时候，彼得感到异常兴奋。飘荡在一望无际的湖面上，这种前所未有的快感着实让年轻的沙皇深陷其中。从那时起，"港口""海军"这样的词汇就在彼得脑海中根深蒂固，并不时地跳出来刺激着他。关于彼得儿时的这些故事在后面的章节我们再详细描述。

随着彼得的成熟，他各方面才能得以展现。有一部分贵族开始持观望态度而不是盲目支持索菲娅，有些人更愿意支持并接受彼得的领导，其中不乏他的众多玩伴。就这样，这伙人的势力与日俱增并形成党派，为彼得服务。他们首先开始为成年的彼得物色妻子，这并不仅仅是关心朋友是否成家那么简单，其中还含有政治目的。彼得和伊凡作为沙皇，他们的后代必定把持王权，延续皇家血脉，这是无可厚非的。显而易见，伊凡体弱多病，并无子嗣，和他的哥哥费奥多尔一样，人们对他的寿命并不乐观。所以健康聪明的彼得才是贵族们值得投入的"原始股"，如果彼得的子嗣出世，这将大大增强贵族们对他的信心，增强支持彼得沙皇这一方的势力。

尽管索菲娅试图阻止，但是很快，彼得结婚了。是的，一个国家的统治者想要结婚生孩子，这种事再简单不过了。他的妻子名叫欧多克亚·费奥多罗夫娜——一个权势显赫的波雅尔之女。这桩喜事导致朝中势力发生巨大变化。

从古至今，只要是关于权力、利益等一些能够满足人类强大欲望的争斗，总有人会相信自己的判断，坚守原则，谨遵道德的约束而被后人歌颂，但这样的人并不多，所以忠诚和坚持才成为一种优秀的品质。人们大多数时候总是会被各种各样的诱惑左右着，欲望不断膨胀，在欲望和原则之间摇摆不定，不停地盘算自己的利益让其最大化，在几条路上跳来跳去。尤其在权力争斗中，政客和贵族们不想分辨谁是谁非，这不是他们做出决定的主要因素，他们只想投靠存活下来的人以求得自保。

彼得结婚这件事给他们指了条明路，似乎彼得更有机会取得最终的皇权，贵族们开始纷纷试图接近彼得。后来，这样的趋势愈加明显，直到健康精明的彼得拥有了儿子。而这时体弱多病的伊凡每况愈下，处在迷雾中的贵族们瞬间看清了形势，几乎全部倒向了彼得这一边。与彼得年纪相仿的年轻贵族更加积极，他们刚刚到了对政务有所理解并感兴趣的年纪，他们欣赏彼得年轻精干，也认可彼得的才华，同时鄙视伊凡的软弱。在他们眼里，伊凡成了反面典型，在一个充满抱负与理想的年纪谁也不想成为那样的废人。就连那些依靠索菲娅和伊凡的贵族也觉得面上无光，他们的儿子也几乎全投向了彼得那边。

　　索菲娅意识到自己的势力已大不如前，她十分恐慌。当加里奇从克里米亚狼狈撤军回到莫斯科时也发现了这一点。索菲娅为加里奇举办了庆功会，并授予他许多荣誉以表彰他在战争中的"英勇"表现。在当时，很多人都怀疑捷报的真实度，彼得的追随者要求索菲娅提供作战胜利的证据。索菲娅再也无法忍受彼得及其党派的强大和对朝政的干预，她觉得自己身处险境而无法脱身，于是这个凶狠的女人再次起了杀心。

　　为了让自己脱离干系，她让加里奇把哥萨克人带了回来，她知道只要利用哥萨克人，没人会怀疑到她。加里奇对哥萨克人宣称因为马泽帕在战争中的优秀表现，为了向他致敬，特准哥萨克人进入莫斯科。虽然哥萨克人以前被禁止进入莫斯科，但这次进入莫斯科也并没有让他们感受到丝毫的荣誉感——他们始终被装在箱子里。这样的做法适得其反，哥萨克人不能接受这样的待遇，索菲娅最终没能成功利用哥萨克人，无奈之下，她只能再次利用射击军来为她实现无耻的阴谋。

　　顶替赫万斯基的射击军的最高领导是西奥多·沙克洛维特，他是索菲娅一手提拔的，可是当索菲娅跟他提及刺杀彼得的计划时他却极力劝阻。他认为这样做太过冒险，一旦失败将满盘皆输。但索菲娅已经慌了阵脚，她不得不孤注一掷，否则自己将一无所有，同时她告诉西奥多，如果自己失掉了权力，那么他也会受到牵连。西奥多已经骑虎难下，最终同意了。

　　在一个平静的夜晚，西奥多集结了几百人的精锐部队前往彼得一家居住的村庄，这些士兵早已知道计划，他们渴望完成任务，这样他们就会受到重用获得嘉奖。但世事难料，两个有原则的士兵不愿意参与到这种无耻的阴谋中，趁着夜深人静队伍出发在即，偷偷跑到乡下告了密。彼得得知消息后大惊失色，他立即召集全家人——包括纳雷什金家族的绝大多数成员开会商讨。这件事太不可思议了，没有任何预兆，他们认为可能是两个士兵危言耸听，但为了谨慎起见，他们还是派信使前往莫斯科打探虚实。几名信使还没走到一半，就迎面遇见了西奥多的队伍，他们迅速躲进草丛，绕小路以最快的速度返回彼得的住所。彼得就像当初他的妈妈带着他逃命一样，带着家眷驾着马车飞奔逃往修道院——那谁也不敢侵犯的神的领地。当西奥多的人马在彼得乡下的宫殿里大肆搜查时，彼得已经迈进了修道院的大门。西奥多无计可施，只得懊恼地返回莫斯科禀报。

5. 彼得帮的复仇

这件事迅速传开，引发朝廷内外的震动。彼得给索菲娅写信，控诉她妄图弑君，索菲娅只能百般否认，她向彼得解释西奥多带领人马去乡下宫殿只为了换岗以便于更好地保护彼得，当然，就连伊凡也不会相信这种荒唐的借口。彼得的追随者纷纷调动各自的人马把修道院团团围住，他们宣誓坚决保护彼得，其他摇摆不定的贵族也因舆论的压力加入了进来。这次是索菲娅作茧自缚，尽管她还在想方设法威逼利诱贵族们和军队，她甚至和伊凡站在宫殿的阳台上向射击军演讲，他们说彼得犯有叛国罪，谁胆敢再进入修道院谁就是死罪，但是已经没人再买她的账。射击军全体前往修道院以表示坚决拥护彼得。

索菲娅再一次失败了，于是她派出说客想跟彼得讲和，这些人都是索菲娅和彼得共同的亲戚，也是他们的长辈。索菲娅想，一个孩子总要顾及些长辈的面子，利用亲情讲和再合适不过了。她告诉姑姑们，自己根本没有要杀彼得的想法，都是一些反对她的人栽赃和陷害，彼得也不需要逃跑，她随时欢迎彼得返回克里姆林宫。

彼得对这些长辈们十分尊敬，在毕恭毕敬地听她们转达完索菲娅的原话后，彼得也表达了自己的观点，他将事实证据一项一项摆在姑姑们面前，讲述了整个事件的来龙去脉并希望姑姑们能够理解。这些年迈的公主们很快就认清了事实真相并十分伤心，她们纷纷表示将留在彼得身边声援他，不会再回到索菲娅那里去。

正所谓众叛亲离，索菲娅只好又求助于大主教。前面说过，大主教是教会的首领，是宗教国家的精神领袖。索菲娅跑到大主教面前哭泣乞求，希望大主教能够在她和弟弟之间调停，主教被她的诚意所感动，遂前往修道院劝说彼得。彼得像对待姑姑们那样，将事实根据摆在主教面前，同时还出示了一份证据，上面写明，如果刺杀彼得成功，主教将会换成对索菲娅更忠诚的一个牧师。看来索菲娅求错了人，主教被吓得魂飞魄散，坚决表示支持彼得并要留在修道院等待国家恢复平静。

　　索菲娅彻底绝望了，她已无计可施。加里奇等人始终在她身边支持她，于是她身边仅有的几个人坐在一起开了个会。会议决定：除了参与刺杀行动的几个主要人物被保护起来外，索菲娅及其党羽亲自前往修道院以求得宽恕。但为时已晚，索菲娅、加里奇等人在半路上就被人阻拦，他们表示彼得决不会接见她。他们原路返回了莫斯科。

　　射击军此时已完全为彼得服务，第二天一早他们野蛮地闯入克里姆林宫，要求索菲娅交出西奥多接受审判。索菲娅非常不愿意服从这样的命令，一方面她本该保护她的走狗免受审判；另一方面，也是最重要的，她害怕西奥多将她供出，因为这一切的幕后指使都是她本人。但迫于武力和舆论的压力，她不得不做出让她后悔终身的决定。射击军就这样带走了西奥多，西奥多就像囚犯那样，戴着镣铐，垂头丧气。

　　西奥多在修道院中接受了法庭对他的审讯，为了逃避罪行他不得不闪烁其词，避重就轻。他的回答总是不能令贵族们满意，于是贵族们对他用了极不人道的酷刑，他们只想得到那个名字：索菲娅。没有人能在这样的刑罚下忍受多久，于是奄奄一息的西奥多交代了整件事情的经过，尽管结果是公正的，但不得不说，这样的方式可以得到任何想要听到的证词。根据这些证词，射击军抓捕了与该事件所有相关的人，然后再纷纷施以酷刑，得到更多参与者的名字。

　　仅仅两天时间，整个事件牵扯的所有人都得到了法庭的审判，他们有的被斩首，有的被流放。加里奇被流放到西伯利亚，包括他的家眷一起。他所有的财富都被没收，考虑到他王爷的身份，每天可以得到三卢布的生活费。据说，在他的王宫里发现了大量财宝，还有一个保险箱，里面有四百多盘银锭。是的，王权斗争总会以这样的结尾收场。

西奥多在广场上被砍掉了脑袋，其他叛乱者纷纷被割掉舌头流放西伯利亚。那些在叛乱开始就投靠彼得的人按等级和投靠时间获得了不同奖赏，奖金从一百到三百卢布不等。就连射击军的普通士兵每人也得到了一卢布以表彰他们的忠诚。

索菲娅虽然是事件的主谋，但没有被处以刑罚。在某种程度上，彼得宽恕了她。他不愿自己的姐姐受到侮辱，这样也有损皇室的尊严，于是他命索菲娅在莫斯科近郊的诺沃杰维奇修道院隐居。索菲娅知道，一切都结束了，虽然她后悔没有早点杀死彼得，但败局已定。索菲娅被射击军持械押送前往修道院并被严加看管，禁止探视。她就这样遭到了软禁。

彼得返回莫斯科的时机已经成熟，在这之前，他的舅舅和妈妈等人以他本人的名义给伊凡沙皇写了封信，信的内容大概是把整件事情结果以委婉的方式传达给伊凡，告知伊凡自此以后谁也不能阻挡两人联合执政。软弱的伊凡清楚这是彼得的"客气话"，他早就无心争斗，只能默默地接受事实。1689年10月10日，彼得在射击军将近两万人的护送下高贵从容地进入了莫斯科城，百姓们夹道欢迎，教堂敲钟以庆祝彼得沙皇的回归，伊凡站在克里姆林宫的台阶上迎接，两位年轻的沙皇拥抱在一起，广场上热烈欢呼。

既然索菲娅的党羽已全部覆灭，那么伊凡就不可能再有任何发言权，至此，彼得沙皇终于大权独揽，成为俄罗斯帝国的唯一统治者。伊凡饱受病痛的折磨，终日沮丧抑郁，大约七年后他离开了人世。

第二章　成长中的彼得

1. 初露锋芒

　　彼得的父皇阿列克谢·米哈伊洛维奇病逝时他才四岁，从这时起长达十几年的皇室斗争也正式拉开了序幕，彼得的家庭被瓦解得支离破碎，这对他的性格产生了至关重要的影响。所以这里不得不将视线暂时转离历史的时间轴，关注一下青少年时期的彼得。

　　小彼得的出生给沙俄皇室注入了生机，老沙皇也将他看作是唯一有希望的王位继承人，对彼得的教育格外费心。阿列克谢沙皇最初是让梅尼修斯负责彼得的教育，梅尼修斯是个极具才华的将军，他在苏格兰长大，并在苏格兰文学院接受良好的教育。与一般的军人不同，他不仅仅掌握一些战斗技能和军事常识，还对欧洲各国的语言、文化、科学等方面广泛涉猎，随着彼得年龄的增长，他可以让彼得在宏观上认识世界，拥有广阔的视野。

　　在彼得年幼时期，梅尼修斯的作用是负责给彼得指定教授基础知识的老师。在将军的监督下各位老师都能很好地完成授课任务，也能够因材施教让彼得的学习生活更加愉快。梅尼修斯也因为受命作为彼得的老师而常驻在皇宫内，随着时间的推移，彼得愈加依赖梅尼修斯。彼得天资聪颖，热爱生活，对陌生事物总是有着强烈的好奇心，加上很好的领悟力，他的学识一天天丰富起来。彼得是阿列克谢沙皇的第二任妻子所生，对于喜爱彼得的人来说，他展现出的优秀品质让这些人欣喜若狂充满希望。但对于阿列克谢第一任妻子的子女及家族来说，彼得逐渐成了他们的眼中钉，彼得的优秀在他们眼里就像踩了狗屎一样让人厌恶至极。

在费奥多尔即位以后，这两派的矛盾越发激化。索菲娅最担心的就是如果彼得成长为一个精明强干的人，那么从她手里夺走权力就是早晚的事了。所以她必须想方设法毁掉彼得，将他扼杀在摇篮里。对于一个价值观尚未成熟的孩童来说，不良的教育是让他成为废人的最好办法。

此时矛盾就集中在彼得的导师梅尼修斯身上，因为彼得对他的依赖，他可以轻松地掌控彼得的人生方向。但梅尼修斯是一个正直忠诚的人，他身上具备了军人应有的气节。在索菲娅妄图去改变梅尼修斯的教育方法时，他认为那样会让彼得放纵顽劣而被彻底毁掉，他坚持彼得必须成为一个德才兼备的帝王。索菲娅软硬兼施却仍然无法说服梅尼修斯，于是她将梅尼修斯赶出了皇宫，是的，现在已经是索菲娅的天下了。梅尼修斯在临走前，还一再叮嘱彼得要勤奋刻苦，坚决不要放纵自己。

后来彼得和伊凡被共立为沙皇，索菲娅成了真正的摄政王，这就意味着，她可以公开而随意地安排彼得的生活了。索菲娅不仅仅是将彼得赶出了莫斯科，她还在农村给彼得安排了五十名同龄孩子作为玩伴。他们可以不受限制，随心所欲地玩儿。她认为这样彼得便会荒废学业成为一个纨绔子弟，或许因为堕落还会损害健康早年丧命。这是一个非常阴险的计划，像温水煮青蛙一样，没有几个孩子不会在这种境况下毁掉一生，然而彼得却是个例外。

因为梅尼修斯对他的深刻影响，彼得早已在潜移默化中培养了定力。或许在那之前彼得的价值观就早早形成了。再或许，他天生便具有帝王特质。他从未放弃任何学习的机会，并未沾染上任何不良的恶习。他甚至将这些玩伴组成了一个军事团体，在不断的训练中学习军事知识，熟练各种军械的使用，凭借着彼得对各种器械的天赋，他领导玩伴们建立了炮台、防御工事等等。这一切的工作都是大伙儿合力完成，他亲力亲为，在此期间他早已和玩伴们打成一片，没有一点沙皇的架子。他们制定了军令，包括彼得在内，人人都严格遵守，尽最大努力完成任务。在这些日子里，彼得对军事知识的了解突飞猛进，意志更加坚强，培养了良好的军人素质。客观上讲，终日的操练和奔跑让彼得练就了强健的体魄，他后来身高达到两米多，成为历史上身高最高的皇帝。这一切都与索菲娅的初衷背道而驰。

关于彼得，他内心的真实想法不得而知。但据他的所作所为来看，他的行为超乎了常人对一个孩子的正常理解。因为孩子顽劣的天性决定他们做事的初衷总是为了娱乐，他们不会去接受枯燥和重复，更不会懂得什么叫专一和坚持。孩子们或许会对一件事情感兴趣，但对于一个综合科目的专注就让人不可思议了。幼小的彼得曾带领过军事操练，击过军鼓（军事信号），建造过简易的战场工具（手推车），搭过炮台，造过工事，改建过帆船，还有模拟战争等众多与军事有关的活动，而且这一切都是长期而有效的。

或许，最重要的一点彼得并没有忘记——他的身份。彼得应该很清楚他自己将是统治俄罗斯帝国的领袖，不仅是那样，射击军残忍的屠杀还有姐姐索菲娅冷酷的嘴脸让他过早地成熟起来。他在幼小的年纪就领略了暴力的威力，可能他知道只有掌控军队才能让自己说了算。或许他想得更远，不仅仅希望用军事力量使自己的地位不可动摇，还想通过军事手段去征服周边的强悍部落，保卫自己的疆土不受外来者的侵犯。更可贵的一点，作为一个军事领袖他本不用亲力亲为，但他很早就意识到，如果对任何与军事有关的事项都精确地了解，那么他就可以更加游刃有余地监管军队的各个方面，这也是彼得聪明的地方之一。这些仅仅是基于宏观的历史角度对彼得童年的心理进行的解读。

彼得手下的小团体人越来越多，彼得也不断将更高级的军事技术引进与大家共同学习，甚至包括在沙俄正规军中没出现过的一些欧洲最先进的军事装备。彼得还请来各个军事分科的专家来进行系统讲解，这伙由五十多个玩伴组成的小团体逐渐壮大，成为一个有组织纪律、设施完善的军事学校，即使在彼得回到克里姆林宫以后，这个军事学校依然持续运转了很多年。

2. 左膀右臂

任何事情的成功都需要内因和外因共同起作用。任何个体都无法抵过一个运转良好的团队。一个人永远无法保证自己总是处在客观的立场上，重要的是如何能够避免犯错或者在偏离轨道时能够得到及时的纠正，这就需要他人的扶持和帮助。没有人可以仅仅凭借自己的双手获得成功，多数的失败都在于没有物尽其用或者忽视了看似微小的细节。所谓千里之堤毁于蚁穴，一个个小窟窿就可以让整个建筑瞬间崩塌。仅凭一张良好的设计图纸是不够的，在执行的方方面面都需要严谨周密的安排。而且执行者必须和设计者步调一致，哪怕是小到一个螺丝。所以善用人才能够让事情在降低风险的同时事半功倍。

在那个荒蛮的年代，彼得自幼年起就表现了他重视细节的智慧，在指挥"军队"时让他做到心中有数，这也让彼得更加明确地知道他需要什么，让他具备了敏锐的洞察力。凭借这微妙的能力，在他掌权后管理一个庞大的国家时能够轻松发掘人才让其为自己服务。

在彼得回到莫斯科之初，尽管他成为最高统治者，但一方面因为年纪尚浅，另一方面一些实权仍把握在当初支持彼得的贵族和大臣手中，这些人明争暗斗各立帮派，造成了朝中动荡不定的局面。彼得逐渐意识到要将权力集中起来，他想方设法对行政和军事加强控制，并发掘了两个优秀的人才辅佐自己，成为自己的左膀右臂。历史证明了彼得善用人才的能力，这两个人后来都成了著名的政治家，他们在彼得日后制定各项发展计划的过程中都起到了不可替代的作用。他们一位是列福尔特，另一位是缅希科夫。

列福尔特出生于一个瑞士的经商世家，他的父亲把他送到当时世界最大的商业中心阿姆斯特丹学习经商，希望他子承父业。他在一个大商人的账房中当学徒并且兢兢业业，勤奋努力，但列福尔特自幼就渴望成为一名军人，这个理想犹如一盏长明灯，一直以微弱而坚强的火光照亮着他的心底。

列福尔特逐渐成为老板的得力助手，随着他变得成熟老练，一次老板让他跟随商船前往哥本哈根，并全权负责整批货物的销售及回款。到达后，列福尔特熟练地完成了整套操作流程，老板十分满意。

当时，丹麦是个军事强国，哥本哈根城内经常会出现士兵游行以展示本国强大的实力。列福尔特在工作之余自然注意到了这些，这一幕幕场景唤起了他儿时的梦想，出于兴趣，他很快结识了一些军官。在与他们的交往中，列福尔特听到了很多战斗的故事，对军队有了切实的了解，他确定这就是自己真正想要的。他非常快地掌握了一些军事常识，甚至可以通过自己理解扩展成更多可实际操作的军事理论，这让那些军官们颇为吃惊。常年经商使列福尔特为人处世面面俱到，加上他随和的性格，军官们更是十分喜欢他。

就在列福尔特一心想着如何能加入军队成为一名真正的士兵时，一件事彻底改变了列福尔特的人生，如果不是这次机会，列福尔特很可能只是成为一名普通士兵，在实现宏图伟业的路途中死在战场上。那时丹麦要向沙俄派遣使节，这让早已被远行唤起好奇心的列福尔特为之一振，他似乎更想看看外面的世界而不仅仅是在一个地方按部就班地工作。他开始努力学习俄语，加上他之前铺垫的一些人际关系，总之，当他申请大使考察团翻译职位后，顺利得到了任命。就这样，他没有回到阿姆斯特丹，从此远离经商走上了另一条路。

列福尔特凭借优秀的工作能力以及高雅的谈吐，很快成为大使贴身翻译，不仅如此，两人还成了非常好的朋友。进入莫斯科后，他让列福尔特秘密举办了很多重要的社交活动，丹麦大使的影响力迅速提升，很快列福尔特便得到了一些皇室贵族的注意被邀请参加一些私人聚会，有时甚至彼得也会出席。一次，彼得注意到了列福尔特，不仅仅是因为他作为一个外国人操持着一口地道的俄语，还有他优雅的举止和神态中透露出的不凡气质。沙皇叫住列福尔特，仔细询问了他家中的情况和出身背景，询问列福尔特是否愿意为他效力，列福尔特回答：“无论如何，我都不会在征得主人同意之前做出任何的承诺，这出于我作为一名翻译官的责任和对大使的感激之心，尽管为您这样一名伟大的君王效力是我做梦都不敢想的事。”

彼得：“很好，我会征得你主人同意的。”

列福尔特：“但我请求陛下，这件事请让其他翻译官传达给大使。”

列福尔特智慧的回答让彼得看在眼里，这简单的只言片语瞬间让两人建立起似乎英雄相惜般的关系。

彼得很快带了另一个翻译去找大使讨论关于列福尔特的事情。大使对列福尔特的评价很高，认为他有学习的天分，不论任何陌生的事情他都会以超出常人的速度熟练掌握。与此同时，列福尔特主动退到了远处，避免自己听到这次谈话。彼得更加赞赏这位绅士的礼貌和周到。谈话结束后，彼得并没有提出要列福尔特为自己工作的要求，而是主动走到列福尔特的身边要求他为自己倒上一杯酒。通过这个举动，列福尔特知道，沙皇已经下定决心。

第二天，沙皇有意无意地又提起列福尔特，随着与大使的再次交流，彼得终于提出要让列福尔特跟随自己的请求。结果不出所料，大使回答尽管自己也很希望列福尔特一直跟随自己，但是为沙皇效力是一个难得的机会，自己无权阻止列福尔特走上更好的前程，同时他还表示，无论沙皇做出什么决定，自己都会欣然接受。

就这样，列福尔特正式成为沙皇的首席翻译。他终日陪伴在彼得身边，那时候他已三十五岁，而彼得还不满二十岁，这样的良师益友很快就让彼得对他产生依赖，就像当初依赖导师梅尼修斯将军一样。他经常向列福尔特咨询一些欧洲大陆其他国家的文化、教育、军事、科技等信息，而凭借列福尔特渊博的见识，彼得发现，在大多数领域中，沙俄都是十分落后的。列福尔特作为参谋，引导彼得逐步将西方更先进的文明引入沙俄，这为沙俄在后来成为强大的封建帝国奠定了坚实的基础，为此，沙皇颁给列福尔特许多荣誉，而列福尔特也一直兢兢业业忠诚地辅佐着彼得，直到十年后他死去。

在那时，沙俄军人还一直穿着带有俄罗斯传统民族服饰风格的军装，这种制服十分不便。外套类似于长袍，非常不利于士兵的跑动。一次，沙皇和列福尔特谈起自己的军队，沙皇问："你觉得我的士兵怎么样？"列福尔特从容地答："他们都是很优秀的军人，没的说。但这样的军备或许会限制他们的能力，我觉得这些衣服不如西欧普遍使用的制服那样便利。"彼得立刻对此产生了兴趣，并要求列福尔特展示出来给他看，列福尔特愉快地回答："我会让陛下大开眼界的！"

列福尔特重新回到了大使考察团。在那时贵族们一旦出行，

彼
得
一
世
传

他们的队伍总是浩浩荡荡的，他们试图将各行各业的工作人员都带在身边，以满足他们一切需求，丹麦大使亦是如此。列福尔特在大使团里找到了一名资深裁缝，他让裁缝做两套哥本哈根皇家卫队（也就是他刚到丹麦时看见的游行队伍）的军装，一套军官服，一套士兵服。第二天一早，列福尔特穿上新式军官制服到皇宫候驾，沙皇差点没认出来他。彼得异常兴奋，仔细研究制服上下的每一个部分，甚至一个针脚。他对制服赞赏有加，同时称赞列福尔特办事得力。

后来，列福尔特又穿着普通士兵的制服展示给沙皇看，沙皇认同新式制服的便利性、适宜长久作战和非常规的生活。沙皇非常想尝试组建一个完全仿照西欧制式的军队，按照西方的模式接受训练，列福尔特自告奋勇，实际上也只有他才有能力做到这件事。

因为突然需要大批量地制造俄罗斯本土以前从未制造过的服饰，有许多材料都显得十分紧缺，列福尔特不得不跑遍莫斯科的大街小巷去搜集所有可能用到的材料，同时他召集很多欧洲大使馆的裁缝同时赶制这批军服。后来列福尔特开始招兵，当然必须是在一定程度上熟悉西方操练方法同时又愿意参加军队的人。虽然这个军队只有五十人，甚至只能算是个分队，但当他们经过适当训练后，站在克里姆林宫门前接受检阅时，着实让沙皇大吃一惊。他们击鼓摇旗，迈着简单有力的步伐，这些都是沙皇前所未见的。他十分高兴，表示要以普通士兵的身份加入这支军队和他们接受一样的训练。这是沙皇自幼养成的习惯——对所有陌生的事情亲力亲为，以便于能够精确地了解和掌握其本质。后来，这些新式的军服渐渐普及沙俄全军，旧式烦琐冗杂的操练方式被逐步淘汰，沙俄军队焕然一新。

这次简单的军备改革让彼得亲身感受到了西方文明的优越性，他决定将革新延伸至工商业、文化艺术等多个领域。彼得让列福尔特大张旗鼓地从西欧各强国引进技术工匠，让他们把先进的技术带入国内，但列福尔特建议在引进的同时要对土地法、外交法令等方面进行适当的修改，以便于让革新发挥最大的作用。在他详细阐述自己的理由后，沙皇全盘接受，并按照列福尔特的建议对一些法规进行了修改，因为新技术的引进同时要伴随外国物资的支持，所以针对这些物资的关税大幅度降低了。这在一定程度上大大发展了对外贸易，产生了一系列的影响：

首先，一些国外商品的引进，促进了俄国商人与外国商人之间的沟通交往，这样老百姓很快体验到了更优质的产品，及随之而来的更轻松的生活方式，从而导致对进口产品的需求量增大。一方面商人之间的贸易往来更加密切，另一方面这也刺激了本国制造者对技术革新的积极性。

其次，由于法令的修改，虽然关税大幅度降低，但促进了商业贸易往来，国家的财政收入反而大大增加。沙皇决定投入大量资金，以国家的名义引进国外优秀的工匠和制造者，在俄期间他们所有的花销由国家供给，直到他们具备了独立生存的能力。比如，一些国外的石匠和木匠利用新型材料建造更好的房屋，这些房屋比俄罗斯传统房屋更加结实，结构更加复杂，也更加华丽。他们建造的第一个建筑就是彼得大帝的一个宫殿，这让俄国人亲眼看到了新式房屋的优势，许多贵族纷纷效仿并雇佣他们为自己建造宅邸。而本国人也逐步参与到新技术的学习和实践中，这使俄罗斯制造业的水平获得了质的飞跃，逐步与西欧强国拉近距离。

列福尔特辅佐沙皇的这十年中提出的很多方案都得以实施并获得了十分显著的效果，沙皇对他像父亲一样尊重并且信任，因此列福尔特的影响力也是朝中无人能及。在历史上，这样的人物往往有众多党羽的支持，也会处处树敌。但列福尔特没有，他甚至从未遭到任何人的妒忌。或许他是个绝对正直且拥有广阔胸怀的人，他的宽宏大量让其他人也像彼得一样尊敬他。

彼得是个伟大的皇帝，他的执政对俄罗斯来说是幸运的，但不可否认，彼得是个崇尚暴力、固执、易怒的人。童年过多地目睹流血的经历让他养成了这样的性格。年轻时，他从不允许别人提出任何反对意见。尽管凭借彼得的智慧，他完全可以判断出多数的反对意见都是目光短浅的拙见，那可能出自一个忠臣的良苦用心，但在这时彼得就会完全失去耐心，甚至砍下那个笨蛋的脑袋，或许他觉得一个笨蛋在他面前提出愚蠢的建议是不可原谅的。没有几个人具备彼得和列福尔特那样的智慧，这样的事情总是难免发生，每当这时，列福尔特便会试图安抚彼得的情绪，使那个人免于残忍而不公平的刑罚。只有列福尔特能制止彼得做出那些失去理智的事情。

一些波雅尔甚至将他视作父亲，如果没有列福尔特的帮助，或许他们中的大多数人都会被砍下脑袋甚至家族灭亡。有一次，列福尔特无法坐视彼得平白无故地鞭打一名官员，他在劝说无效的情况下挡在了那个人的身前，他说："只要能放了他，臣甘愿代替他受罚，只要陛下高兴，可以随意砍下臣的脑袋。"彼得不得不扶起列福尔特，停止了残暴的行为，他抱住列福尔特，感谢他及时制止了自己的暴行，并让那位官员离开了。

彼得在被触怒时是无法控制自己的，排除性格因素的影响，这更有可能是他坎坷的成长经历带给他的后遗症。但无论如何，因为列福尔特的存在，这种残暴的个性得以缓解，让很多人免受其害。

列福尔特无论从能力、品性以及出身背景等多方面都实在传奇，而且从史料上来看，他是个符合道德标准的绝对正面形象。而另一个在彼得大帝身边的重要官员，缅希科夫则有所不同。

缅希科夫出身贫寒，他早年跟随父亲在一座修道院中干活谋生，他们为贵族和僧侣们种田、维护修道院，过着贫苦的生活。但缅希科夫并不甘心如此，在十三岁时，他离开了父亲外出自谋生路。他来到了莫斯科，辗转找到了一家糕点店的工作。老板觉得他口才不错，没有让他学习如何制作糕点，而是让他抱着糕点箱到街上叫卖。他很聪明，想方设法吸引别人注意，他讲故事，唱歌，甚至玩杂耍，目的就是多卖出一块糕点。

那时他和彼得年纪相仿，或许是彼得早就注意到他，或许是像传说那样——有人欺负缅希科夫，彼得命士兵制止。无论怎样，他有趣的性格和过人的才艺获得了彼得的青睐。从他加入彼得的少年兵团开始两人便是最好的朋友，以至于后来，他一直都是彼得身边的得力干将，帮助彼得取得不少军事上的胜利。后来缅希科夫加入了列福尔特建立的五十人西式军队，因为优越的表现也获得了列福尔特的特别关注。缅希科夫在军事和行政管理上都具备卓越的能力，他的确是彼得的好帮手，但客观地评价他的形象并没有列福尔特那样光彩。

也许是出身卑微没有受过任何教育，他更看重利益，以至于后来他滥用职权为自己谋取私利的事尽人皆知，彼得还因此给他写信告诫他要注意形象，但彼得从未用法律对他进行裁决。据说有一次彼得实在无法忍受他滥用职权、专横跋扈，把他带到谷仓锁上门暴打了一顿，然后他们居然躲在桌子下面喝酒喝到了天亮。他的恶劣品行后来也给彼得带来了不好的影响。

大约在彼得婚后第三年，彼得和妻子发生了很激烈的争吵，欧多克亚皇后把矛头直指缅希科夫，说彼得结交了坏朋友，主要是指男女关系方面。缅希科夫没有受到过任何教育，再加上出身贫寒，他几乎是个没有底线的人。早在加入少年军团之前他就经常出入一些风月场所，结识了彼得后，他便带着好友彼得乔装打扮，偶尔为之。自从彼得重返皇宫，他们就更加肆无忌惮。这些都让欧多克亚皇后无法忍受，她指责彼得和他的朋友胡作非为，这似乎又触动了彼得的怒火，彼得反过来骂她对自己不忠。缅希科夫因为欧多克亚对自己的指控也十分恼火，于是他跟彼得煽风点火，无论如何，彼得是帝国的皇帝，他一怒之下休掉了自己的女人并把她关进修道院，但客观来讲，这些只是借口罢了，彼得早就厌烦这个保守的女人。

缅希科夫一直辅佐彼得，在彼得去世后，他又将彼得的第二任妻子推上王位。后来他在彼得二世的统治下，死于流放。

3. 扬帆远航

在经过一系列漫长波折的"准备"后，一个全新的"彼得王朝"诞生了。二十多岁的年轻沙皇完全掌控了一个横跨欧亚大陆的庞大帝国，他开明果断、至高无上，同时冷酷残暴、唯我独尊。他像一个勤劳的农民一样，对所有可以让自己的土地肥沃的方法充满浓厚的兴趣，当然，这一切的初衷只是为了让自己更加富有，更有能力彰显华贵。就像丹麦那样的强国一样，他派出庞大的使节团到访各国来增进与沙俄的贸易往来，同时增进与各国之间的友好关系。

彼得一直计划着通过贸易合作，能够把整个欧洲甚至全世界的好东西搬到俄罗斯，他从不犹豫，一切先进的东西照单全收。他很早就把注意力转向造船业，一方面是因为在儿时埋下的建造海军的梦想，另一方面拥有船队能够让他去更远的地方进行文化交流。

那时，荷兰是世界航海中心，荷兰的造船业在世界上首屈一指，他们拥有最结实的远洋帆船。正因为如此，荷兰人的殖民地遍布世界各地，他们的"联合东印度公司"甚至将手伸向了南非、麦哲伦海峡等地。除此之外，他们的造船厂还会接到来自世界各地的大量订单，不论是商船、战舰，还是皇室用船，他们的建造工艺都是当时世界上最先进的。这些船厂的分布以萨尔丹镇最为集中，我们都知道，停靠大型船只的港口需要具备较长的海岸线和深水湾，同时水流要较为稳定，造船厂更是如此。萨尔丹镇恰好满足了所有条件，荷兰人在那儿建造了很多深水码头和大型船坞。

一天，彼得和列福尔特在一座乡下宫殿中闲聊，宫殿比邻一条观光运河，彼得被河中央的一条帆船吸引了，他从没见过如此形状和结构的船只。列福尔特告诉他这是在宫殿建造初期从荷兰购入的，两人就此展开了有关于帆船的话题。列福尔特向沙皇介绍了荷兰的造船业以及他们从造船业获得的巨大利益，他们强大的海军力量便是证明，还谈及了欧洲其他国家的海上战役等等。这次谈话又重新点燃了彼得想要建设海军的强烈愿望。但在当时，俄罗斯是个全内陆国家，没有海港，正因为这样，国内没有从事造船业的人员，甚至连一艘内湖中的游览船都要向外国购买。

自从彼得颁布促进海外贸易的法令以后，大批外国商人进入莫斯科，其中不乏荷兰商人。列福尔特在他们中间找到了几个荷兰造船工人，这让彼得喜出望外。随后他们分批建造了一些采用荷兰造船工艺制造的船只，甚至还有军舰。他们将船停泊在距离莫斯科不远的一个湖里，列福尔特带着沙皇乘上军舰，指挥着他们在湖中驶来驶去，还进行了模拟的"海战"，尽管是在湖中，彼得却十分享受这一过程，他自封为舰长并表示这一头衔比任何职位都吸引他。

1695年，彼得终于决定将他的梦想付诸实践——取得海港。他联合几个国家，重新向土耳其和鞑靼宣战，准备一雪前耻。这次的目标很明确，就是夺取亚速城。亚速城位于亚速海岸，临近顿河河口，如果夺取亚速城，彼得可以通过亚速海直达欧洲各地，打开连接欧洲的海上交通线。很快彼得的军队围攻了亚速城，但土耳其依然可以通过海上对亚速持续地供给，而俄罗斯却只能从陆地展开围攻，这就使这场战争提前陷入了僵局。

这是沙俄进行军事改革后的第一场战争，各部之间的配合还缺乏默契。据说，当时一名炮兵叛逃到敌方，他不是俄罗斯人，而是沙俄招募的外国人，因为彼得没有兑现当初承诺的优厚待遇，加上一些本土贵族军官对外国人的歧视让他早已无法忍受。在夜里，他破坏了所有俄方大炮的引信，然后跑到了防御亚速城的阵营中通风报信。土耳其人连夜就发起了炮击，当然，俄军已无法还击，就这样，他们狼狈地撤退了。这样的战败丝毫不能打击一个充满斗志的人，相反，沙俄全军内部上上下下摩拳擦掌，誓要攻破亚速城。

彼得意识到，失败的主要原因是土耳其人在海上并没有受到任何制约，于是彼得下令在顿河上建造造船厂，生产大批军舰，这也造就了俄罗斯第一支军事舰队。第二年，他们又向亚速城发起攻击，水陆两军配合围攻，彼得轻松占领亚速城并且获得了首次海战的胜利，他们以几艘小艇的代价击败了一支海军舰队。

在胜利后，彼得做的第一件事就是揪出那个叛徒以恐怖的刑罚折磨致死，尽管这个外国人在俄期间的确受到了不公的待遇，但无论如何他也不该从彼得的军队中叛逃，或许一开始他就已经抱着必死的决心了。

彼得夺取了他梦寐以求的远洋港口后，迫不及待地想要拥有一个大型的远洋舰队去征战黑海，但那需要大量资金支持。于是彼得向各族领主们发布命令：总主教以及拥有八千户农民以上的修道院负责一艘舰船；凡拥有农民一万户以上的领主以及大臣负责一艘舰船；各行各业的商人负责建造大船十二艘等等。作为报酬，这些舰船将以建造者的名字命名，未能及时交付舰船的个人或组织将被没收他们的领地和庄园。彼得还做出强制性规定，每个公司或具备一定实力的个人庄园必须配备外国工匠、翻译、药师等精英人才，所有费用由个人承担。彼得又"提议"开凿一条连接伏尔加河和顿河的运河，为此他要征收更加繁重的赋税。尽管贵族们已经因为建造军舰怨声载道，但他们还是顺利通过了这项提议，道理很简单，这是彼得的"提议"。

彼得的这些手段为将来俄罗斯装备一支拥有一百多艘舰船的巨大舰队铺平了道路，他的办事方法如同他的性格一样：粗暴、专横。这引起了一部分贵族心中的强烈不满，而这仅仅是开始。

彼得认为，这次胜利只能说明土耳其疏于防卫，未来他们将面对土耳其更强大的舰队，通往黑海的入海口依然掌握在土耳其人的手里。他必须拥有更加强大的舰船，他需要新的专家，新的技术，但仅凭引进是远远不够的，于是他派遣了大批年轻贵族出国学习航海技术。他希望通过留学，提升俄罗斯人的智力水平为祖国做出贡献。这又一次显示了彼得的远见，在历史上这样的事屡见不鲜，但如果彼得能换一种方式执行而不是简单粗暴的命令，很可能会取得让人意想不到的成效。可事实是，这批被强制派遣的人中有二十三位亲王，其余的多数是贵族子嗣，这些人早已习惯养尊处优的生活，谁也不能指望他们拥有和彼得一样的宏图伟略。他们甚至轻蔑一切，抵触外界的新生事物。再加上他们的父母不愿与自己的儿女分离，这在贵族内部形成了一股抵制"外国引入"的思想，在一部分人中甚至发展成了"抵制"沙皇的暗流。

4. 刺杀

　　这伙人逐渐形成了一个反对派团体，他们甚至妄图颠覆政权。为了获得一定的群众基础，他们想起了被关押在修道院的索菲娅并想方设法与她取得了联系。

　　他们开始煽动人们反对彼得沙皇，对于达官显贵，他们指责彼得的一系列政策目的在于针对这些古老的家族，将他们固有的权利和地位剥夺，并分给一些类似于缅希科夫这种出身底层的人物。一方面这是对贵族利益的强烈侵犯，另一方面有辱这些古老家族的颜面。而对于一些普通百姓，他们说彼得亵渎了他们的宗教信仰。在沙俄，任何人想要离开本土都需要教会也就是神的允许，彼得没有与教会商榷，擅自决定让如此大量的本国人出国显然违背了传统。他们说，彼得似乎想把国家的未来交给一些不信教或者是异教徒的外国人，这会将不良思想带进国内导致国民意识混乱。还针对彼得正在开凿的运河进行攻击，他们散布谣言，说这改变了河流的自然流向，改变了神创造的世界，会触怒神灵。这些言论在老百姓中间传播，引起了恐慌，造成了很大的舆论影响。

　　反对派认为时机已到，是时候将彼得赶下王位了。他们计划将克里姆林宫附近的房子点燃。当时，城内的大多数房子都是木质的，由于冬季城内存放了大量用于取暖的木材，如果有一丝火星加上一点点微风，便会令整个城市陷入火海。所以如果有哪家发生火情，全城的人都会出来帮忙灭火，包括沙皇本人，这也是当时的传统。很明显，他们要在沙皇毫无防备出来灭火时将他杀掉。

一旦沙皇死去，他们就可以随便编造个理由，说沙皇不幸死于火海，然后立即将索菲娅从修道院放出来拥立为女皇，重新启用当时的亲信和军队，实行王朝复辟。

可笑的是，相似的事情一再发生，和上次索菲娅想要杀彼得一样，这次又出了叛徒。在整个计划还未实施的时候，有两个参与阴谋的军官因为胆怯，早早地跑去沙皇那里出卖了他们的同党。沙皇当时正在列福尔特家用餐，在他们供出所有参与者名单后，沙皇只是平静地吃完晚饭，然后将名单交给护卫，命他们将阴谋者逐一逮捕。这场阴谋就这样被扼杀在摇篮里。

所有主谋都经受了很严酷的拷问，他们不断地供出同谋，直到审讯者满意为止。在那种酷刑下人很难保持理智，他们说出的每一个名字都是为了能减轻痛苦，而这些名字又在未经核实的情况下被记录在阴谋者名单中。然后不论罪责轻重，一概处死。他们的尸首被分成头、四肢、躯体等各个部分，然后在市中心的广场上树立起一根大柱子，将这些部位分别挂上去。整个冬天它们被冻硬，像雕塑一样恐怖地矗立在广场中央，彼得就通过这样的办法警醒世人不要再想叛乱一类的事情。到了春季，这些"部位"解冻、滴水、变臭。它们被取下来，随便扔进一个乱坟堆里埋掉，甚至连个记号都没有。

这就是彼得的另一面，他不再是英俊高大、精明强干的开明君王，在面对敌人时，他比魔鬼还要可怕。

第三章　师『夷』长技

1. 隐姓埋名

在攻占亚速以后，彼得深知自己需要更先进的技术，也更需要盟国，因为他们即将要面对的是整个土耳其在黑海上的强大舰队，仅仅靠目前的水平，无论军事还是科技等各方面都与对手相差甚远。在强制派遣贵族子嗣出国留学后，彼得自己也动了出访学习的心思。习惯每件事都亲力亲为，做到心中有数的他，认为不能将希望全部寄托在那群纨绔子弟身上。

彼得决定亲自组建一个特别使团，除了法国（支持土耳其）之外到访了包括荷兰、丹麦、意大利、英国等西欧大多数强国，他迫切希望将他们最新的技术和文化全部收入囊中带回国内。但这就存在一个问题：沙皇率领的使团声势浩大，每到访一个地方必然会被当地盛情款待，他必然会受限于两国皇室之间烦冗的交际礼仪。所以彼得决定隐姓埋名，以一个普通志愿者的身份随行，这样他便可以自由出行，避开应酬，打探学习真正有用的事。但考虑到这次旅行的外交意义，为了不失威严，他还是发布了一则庄严的国书：

最强盛的各国君王们：沙皇陛下望你们拜读此信，在我们特别使团抵达贵国时，希望你们能够以相应的礼遇给予接待，并在要求会面时予以接见。

使团的团长是列福尔特，其余成员还包括翻译、内侍、医生、工匠、卫队等等，彼得化名彼得·米哈伊洛夫，他的身边带了几名年轻人，同时也是他的好朋友。他们能够在烦闷的旅途中陪他解闷，其中就包括缅希科夫。彼得挑选的这些朋友有一些在机械、数学等技术领域拥有独到的见解，所谓物以类聚，他们都和彼得有着相似的爱好，在学习的过程中他们相互交流，能够更快地学以致用，而彼得也希望他们能尽快学习最先进的造船技术。

在离开莫斯科之前，彼得将国家事务交给一个由三人组成的委员会处理。这三个人都属纳雷什金家族，其中一个人还是彼得的亲舅舅。彼得与第一任妻子欧多克亚所生的儿子阿列克谢王子也交由他们监护。另外，彼得还将军心浮动的射击军调往塞外，即便是想要再次叛乱也无法在短时间内产生严重影响。他让自己的舅舅调动另一批军队驻守莫斯科，无论军官还是士兵都是外国人，没有群众基础，相对来说，彼得对他们更加信任。

万事俱备，使团于1697年3月10日离开莫斯科。行进路上条件时好时坏，但这丝毫没有影响到彼得高涨的热情，直到里加城，他才略感不快。

里加是波罗的海的主要港口，当时属瑞典管辖。进入里加时欢迎气氛冷淡，或者说并没有预想的那样热烈。沙皇使团本应下榻宫殿，但当地只安排了几栋一般宅邸供居住。彼得的初衷是有意回避这些的，但作为至高无上的一国之君，如果缺少了这些应有的礼仪好像有失颜面。更让彼得不高兴的是，当地总督尽到了应有的礼数，使团参观至防御工事时却遭到了拒绝。抛开彼得自己的计划不说，一个国际交流使团的行程理应很早就安排好，事实也是这样，他们早就约定彼得和其他两名大使可以随意参观防御工事，包括它的建筑结构和强度等等。瑞典人似乎临时变卦了。彼得感到很失望，并对那位阻止他的军官怀恨在心，彼得决定一定要找机会和瑞典发起战争，夺走里加城。或许没有这次无礼的对待，就没有之后著名的大北方战争，瑞典也不会丧失波罗的海的控制权，俄罗斯也许不会成为东欧最强大的国家。

离开里加城，大队一路行进，最终他们进入普鲁士。彼得带着自己的几个朋友走海路，先行抵达了普鲁士首都格尼斯堡，在那里，彼得提前与候选帝腓特烈三世会面，后来彼得主动要求学习怎样使用大炮。事实上，在使团到达前的一星期里，彼得一直在郊区练习用大炮打靶，彼得还从普鲁士炮兵总工程师那里获得了一张类似于炮兵资格的证书。

后来大部队与彼得会合，在城外约一公里处等候，以便于让普鲁士国王有充裕的时间来安排欢迎仪式。

仪式空前隆重，大使们甚至从未见过这样的阵仗。华丽的皇家马队行进在队伍的最前方；接着是普鲁士的皇家卫队，他们由禁卫军、少年侍卫、骑士和武士组成，他们衣着戎装，用军鼓敲打着行进的节奏；然后是普鲁士贵族们每组由六匹马拖拽的马车；后面是普鲁士国王的马车，尽管国王要在皇宫的会客室接见他们，但因为沙皇的地位特殊，派出国王专用马车也是为了表达特殊的敬意；侍从们衣着红色镶金的礼服浩浩荡荡地跟在最后，彰显了皇室的雍容华贵。

接着是到访的大使团，三十六辆马车打头，载着一些官员和大使团主要的随行人员。彼得和他的伙伴们就在其中；后面是沙俄的华丽卫队，他们演奏着军乐，庄严整齐，衣着绿色制服手持银色战斧，骑兵们骑着高头大马压阵；在使团队伍的末尾，三辆华丽的皇家马车出现，里面分别坐着列福尔特和其他两位大使。

街道两旁挤满了百姓，格尼斯堡几乎所有的市民都聚集于此，他们知道沙俄皇帝就在队伍之中，彼得隐藏身份的事情早已在欧洲各国传开，他们纷纷猜测着到底哪个才是真正的沙皇。这次行进仪式可谓华丽而漫长，他们最终抵达一处宫殿，使团下榻，重兵把守。

四天以后，经过另一番盛大的仪式，使团的主要人员终于站在了普鲁士国王面前。但国王和所有大臣、贵族并没有见到沙皇本人，或者说，并没有认出沙皇本人。沙皇依然安静地站在使团队伍中一个最不起眼的位置上。国王和大使寒暄了几句，相互表示出应有的礼节。使团献上沙俄的赠礼，然后奉上了一个精致华丽的盒子，里面装有沙皇写给普鲁士国王的信函。信中表示，此次来访的目的是为了让沙俄从强盛的友邦身上吸取更多的经验，同时还感谢普鲁士国王在沙俄围攻亚速时提供的援助。普鲁士国王回谢，希望两国之间友好外交能够持续下去。然后，他们被以相同的仪式送出去参加盛大的宴会，全城燃放烟花来庆祝这次外交活动圆满成功。

之后，彼得又以个人的名义私下会见了国王，国王表示在大使团停留期间他们会一直受到关注，普鲁士还会为使团举行庆典宴会等等。在使团因官方活动而应接不暇的时候，彼得早已登上船前往一个海湾。这个海湾位于波罗的海东南海岸线上，从格尼斯堡延伸至格但斯克，彼得在那儿参观了很多战舰并亲自驾驶。

后来使团正式前往格但斯克，当时格但斯克已经是一个重要的商业城市了，是波罗的海主要用于粮食贸易的港口。彼得依然远远躲开使团大部队，带着自己的几个伙伴四处游历，他们没有忘记此次出行的目的，流连于各个港口之间研究着各类新式船只。使团就这样沿着波罗的海沿岸城市行进，目的地是造船圣地荷兰。彼得每到一个地方就换上当地普通人的服饰，他甚至混进码头，穿上水手服到处游荡，很好地隐藏在当地人的中间。

2. 造船圣地

当大使团临近荷兰，荷兰皇室也像普鲁士那样，用最高规格的外交礼遇接待，因为他们知道彼得混在队伍之中。他们经过的所有城市都燃放烟花，当地官员、军队、市民夹道欢迎，使团在哪里，哪里就最热闹。人们关注的焦点一直是彼得，他们总是试图在队伍中发现他。按照我们今天的分析，其实这并不难，因为彼得相貌出众，身高超过两米，气质不凡。但尽管这样，彼得也从未让人发现。彼得不再有耐心混在使团队伍中了，有时候他甚至懒得与使团会合，而是自己安排行程。这次亦是如此，当老百姓相互打赌向使团队伍中指指点点的时候，彼得正和一些新结识的商人朋友坐在一个乡村酒馆中喝着杜松子酒。

彼得没有接受荷兰政府给予的任何生活便利，在听酒馆老板夸赞他们萨尔丹镇的造船业后，他带着几个伙伴连夜赶往萨尔丹镇这个集中了五十多家造船厂的地方。他们住在了一个小旅馆里，随时在镇中闲逛，见识到了"联合东印度公司"最大的造船厂，他们研究船只的结构并记录下来，同时，彼得做了一件至今还被一些俄国人津津乐道的事，他成了一名造船工。

趁着使团在荷兰逗留的数月时间，他像普通工人那样工作生活，向很多资深的技术工人求教。在工作之余，他便坐进不同种类的船里熟悉驾驶方法。但很快，彼得的身份便众人皆知了。据说，一位村民的俄国同胞寄信描述了彼得的特征：身材高大，右臂永远不停地活动着，面颊有个小疣。没错，那实在太显眼了。大家可能是出于好奇，似乎更希望这个帝王在他们身边待得久一点，很少有人盯着他看或者打扰他，他们尽可能满足彼得的要求。彼得也因为自己热爱各种机械和船只，全身心地投入工作，这让他和当地居民形成了一种特别良好的关系。他知道，仅有三五个月的时间是不可能成为一个好的甚至是合格的造船工人的，那需要长年累月的历练和学习。况且，彼得作为造船工人的目的也很明显，他希望了解造船行业，多少掌握一些未知的技术，而并不是真的当一名工人。除此之外，他资历尚浅，并不能参与船只机械部分的制造，甚至连参观都是被限制的，不过尽管这样，他仍旧有不少收获。

在这期间，彼得结识了几个朋友。这些人多是各个领域的佼佼者，例如参与远洋贸易通晓航海知识的成功商人。其中有位富商让彼得颇为感兴趣，彼得经常去拜访他。这个商人涉及的业务繁杂，规模庞大。他经常派出探险访问船队，为他去世界各地探求新的商机，发现新的领域。为了提高远洋航行的安全性，他还建设了一个观测站，配备各种测量经纬度的昂贵仪器。这个富商还为彼得引荐了一些其他领域的朋友，彼得经常从萨尔丹过来与他们聚会、玩乐。彼得并没有帝王的架子，但性格暴躁，顽固蛮横，在玩乐中多少也会有所体现。就像一个野兽的脾气你永远无法摸透，给你带来乐趣的同时也可能伤害你，你能做的只是保持距离。大家很快就对彼得敬而远之，似乎没有一个人愿意和他成为真正的朋友。

一段时间后，彼得返回阿姆斯特丹。使团将要去往海牙——荷兰的首都。荷兰政府正在那里积极准备着欢迎仪式。这一路上，使团的大使都受到了极高的礼遇，各国都知道，他们面对的是沙俄的皇帝而并不是仅仅一个使团那么简单。他们送给大使们许多昂贵珍惜的礼物，事实上也都是转送给沙皇的。

阿姆斯特丹是欧洲的商业中心，首都海牙则是欧洲的政治中心，在这里驻扎着整个欧洲大陆各个强国的公使。这些公使也跟随政府一起参与到欢迎使团的仪式中，只有法国公使例外。彼得离开莫斯科前列出的大使团访问行程早就可以看出端倪。自此之后俄法两国关系愈加冷漠。

大使团在海牙进行休整，实际上他们也并未怎么劳累，彼得则一面继续游历，一面在心里盘算着使团后面的行程计划和沙俄未来的发展方向。

3. 改变行程

　　彼得此次出行的目的是为了提升国力，学习更先进的技术来装备军队，其根本原因是此时此刻的俄国还无法正面对抗强大的土耳其。除了学习技术之外，使团还有其政治目的，就是拉拢盟友。

　　之前在里加城的旅行让彼得极为不快，不仅没有与瑞典成为盟友，还让彼得萌生了敌对之心。在荷兰受到极高礼遇后，大使团将结盟的计划提上日程。他们向荷兰的三级议会提出与俄罗斯一同对抗土耳其的请求，三级议会同意进行商议。此事由以列福尔特为首的三位大使全权负责，而此时的彼得依然像之前一样在荷兰各地游历。他游走于不同的港口之间，那里几乎停泊着欧洲各国的船只，他运用已掌握的造船常识，对他们进行比较研究，最终将目光锁定在一些英国帆船上。这些是他目前为止见过的最漂亮的船，为了了解英国帆船的结构，他结识了很多英国造船工和水手。他发现英国的造船工艺更先进，而且是以数学原理为支撑，更加科学、标准化，每个造船工人都按照最基本的数学原理在保证船只结构最优的前提下进行不同的变化。相比之下荷兰船仅仅是凭借单一的模仿，机械的复制，没有理论的支撑，造船的技术很难进一步提高。

　　彼得很快就对荷兰失去了兴趣，他一心想着要去英国，像在萨尔丹镇那样亲身学习英国的造船技术。

在使团与三级议会周旋期间，彼得提出了脱离使团前往英国的想法。当时，荷兰和英国的关系甚好，英国国王也非常高兴彼得能够前往，他甚至特意从英国派来一批翻译、厨师、仆人等各类随从，以便于在彼得从荷兰往返英国期间提供周到的服侍。由于英国国王的极力促成，彼得很快就登上了开往伦敦的帆船。他的几个伙伴依然陪伴在彼得身边。

英国国王为彼得提供了一栋豪宅，这座豪宅位于伦敦的富人区，风景优美，闹中取静。它临近河边，打开房门就有一条小路一直延伸至河岸。彼得对此并不感兴趣，他希望能够住在闹市区、商业中心或者是码头边上，但彼得还是在这里住了一段日子以示尊重。有时候彼得的脾气就像个孩子，只要你满足他的要求，他完全可以忍受一时的不如意，甚至欣然接受。此前英国国王的热情还有英国船只对他的吸引竟然让他也学会了尊重。

沙皇此次私访英国并没有隐姓埋名，或者说是官方向他个人发出的邀请。既然居住在富人区，接待一些来访的达官显贵就无法避免了。像在阿姆斯特丹一样，彼得与一些人也成了朋友，或者说看上去他们是好朋友，因为他们拥有共同的爱好——航海。不过谁知道呢，可能你与一只狮子可以友好地互动，但你一定不会想去摸它的嘴巴。

沙皇在英期间，他的随从团里有一个人负责将整个英国的政治、经济、文化、宗教等各方面信息传达给彼得，只要彼得提出疑问，就一定能在他那里找到答案。这个人就是博尼特主教。通过与彼得的交往，他发现彼得是一个精明、智慧并且果断的君王，他接受过良好的教育，并颇具远见。同时，他也发现彼得的言谈举止十分粗鲁，脾气难以捉摸，有时平易近人，也极易动怒，周围的人都小心翼翼。他说："能让这样一个粗暴的人只手遮天统治那样一片辽阔的疆域，我不得不佩服上帝如此高于凡人的智慧。"

通过彼得可以更清晰地看到，一个具有远见的国家统治者是如何开始改变国家命运的。对比同时期的中国，彼得大帝开始有意识地向国外学习要早于清朝"洋务运动"一百六十多年，尽管历史是条无穷尽的长河，但这一百六十多年足以让起初落后于中国的俄罗斯变成了侵略中国的列强之一。站在俄罗斯历史的角度上看，拥有这样一位伟大的皇帝实在是一件幸事，谁还在意他的残暴呢？

同时，必须客观认识到，作为一个封建帝王，他的根本目的是为了提高家族在世界上的地位，守住世袭下来的皇权。人民的幸福并不是他首先考虑的问题。博尼特主教回忆说，彼得对英国的政治和宗教机构都颇为感兴趣，但丝毫没有要将其引入自己国家的愿望。谈话中，他们涉及最多的还是造船与航海。

4. 美妙的经历

不久，彼得寻到一个新住处，尽管条件简陋，却着实让他满意。当时伦敦泰晤士河上只有一座大桥连通两岸，这就注定了商贸区和船只航行的主干道都围绕着这座桥而设立。彼得的新住所恰恰位于这座大桥的桥下，房子的后门直接通向皇家码头，彼得可以随意进出那里观察船只以及码头工人的日常工作。他花费了数月时间去学习英国科学的造船理论以及一些数学原理，同时与荷兰造船工艺进行对比，取其精华去其糟粕，以便于更好地为俄罗斯海军服务。由于便利的地理位置，彼得有更多的时间漫步在伦敦市中心，那儿有太多的东西让他产生兴趣，同时他和伙伴们积极讨论着如何能够将这些新鲜事物引进国内为俄罗斯所用。和在阿姆斯特丹一样，时间长了，彼得逐渐引起了当地人的注意，一些人认出了他们。当地人时常停下手头的工作驻足观望彼得一行人，指指点点。每当这时，彼得只能无奈地离开。

经过一段时间在"桥下"的生活后，彼得前往朴次茅斯，那里拥有迄今为止一直停泊英国皇家海军舰只的重要军港。港口地处在朴次茅斯湾，南邻英吉利海峡。入口处仅二百多米宽，但港内拥有将近二十平方公里的广阔深水海域。港口外面几公里的地方就是怀特岛，是抵御风暴、海啸的天然屏障。

据说那里停靠着当时全世界最大的战舰，当彼得登上这些战舰感受它宏伟的气魄时被深深地折服了。英国国王委托当时的舰队司令陪同彼得，将舰队开出海湾，在海上进行模拟海战，这一场面让沙皇感到拥有一个强大的海军是一件无比幸福的事情，他甚至赞叹：作为一个英国舰队的司令简直比一个沙俄皇帝还要幸福！

当彼得意犹未尽准备返回荷兰时，威廉三世赠给他一艘华丽的游艇。船上除了载有彼得一行人外，还有许多彼得在英国雇佣的工人、技师等等。一些是造船的，一些是修建运河的，另外还有彼得为莫斯科航海学校聘请的顾问。

起初他们坐上彼得的"皇家号"时还在为自己得到这样的工作感到庆幸，认为工期结束后他们能够获得更高的荣誉和利益。一开始彼得的确以极其优厚的待遇聘请了他们，或者说诱惑了他们。但到了莫斯科后，他们被看守监视着，像普通工人那样承受着极其粗鲁和野蛮的管制，彼得扣留了他们大部分薪水，这一切都是为了防止他们在没有完成工作之前逃回国。这群人来自推崇绅士风度的国家，谁也没想到会被如此对待。

当彼得回到荷兰与使团会合时得知，三级会议没有批准荷兰和俄罗斯联合对抗土耳其的相关事宜。于是彼得不得不继续率领使团前往其他国家。他们首先到了普鲁士，彼得依然隐藏在队伍中，以随从的身份跟随使团。虽然这是个众所周知的秘密，但为了表示理解彼得的"癖好"，德国皇帝举行了一次特别的见面仪式，彼得由列福尔特"带领"着进入德国皇帝的一个私人楼梯间，两位君王就这样在楼梯间举行了一次简短的会谈。会谈期间，德国皇帝为了尊重彼得（彼得作为随从没有戴帽）而脱下王冠。

此后，与其他各国一样，奥地利也举行了各种盛大的游行庆典，主题都是为了欢迎使团来访，但实际上是为了向沙皇表达敬意。在许多聚会中，沙皇的身份都是难以掩饰的，这时人们会微妙地将关注的焦点都集中在彼得身上，以含蓄的方式表达出来。有一次，在一个化装舞会上，经过一番精心伪装的奥地利皇帝走近作为使团随从的彼得，拿着一只倒满酒的极其昂贵稀有的杯子，说："为了西弗里斯兰农夫，祝愿他健康幸福！"然后他意味深长地说："我非常了解这位农夫对沙皇的神圣感情。"作为回应，彼得也拿起了酒杯祝福自己的主人，说他也感受到主人对奥地利皇帝拥有同样深厚的感情。然后奥地利皇帝将酒杯送给沙皇，以示纪念。

就在维也纳的庆典仍在热烈进行时，一则消息让彼得改变了所有行程：莫斯科爆发推翻彼得统治的叛乱。他不得放弃前往其他国家，带着随从火速返回莫斯科。

回看本次出行的外交影响，实际上作用是十分微弱的。因为彼得没有拉来盟友，尽管奥地利皇帝一再向他表示敬意，但那时奥地利已经准备和土耳其合作了。没有永久的敌人，所谓外交其实就是国家之间共同利益的代名词。彼得与土耳其争夺黑海的愿望落空了。但他突然想起自己之前和瑞典结下的梁子，彼得的愿望就是获得出海口，可以从俄罗斯远洋到达世界各地，波罗的海也一样具备这样的优势。而且瑞典人之前的无礼让他一直怀恨在心。就这样，后来彼得将视线转向了波罗的海。

5. 叛乱

彼得这次出访前在国内做了周密的安排，一方面保证自己不在的这段日子里国家事务可以维持正常运转；另一方面维持社会稳定。尽管他把军心不定的部分射击军调到塞外边疆，但他依然无法彻底放心，他的舅舅无时无刻不在向他汇报莫斯科的风吹草动，以便于一出状况彼得可以第一时间回国。

彼得当初没有杀掉自己同父异母的亲姐姐索菲娅，只是为了保存皇室颜面，他并不指望索菲娅因此而感谢他。况且，他知道索菲娅拥有男人一般的野心，一有机会她会毫不犹豫地反抗。

彼得经常与周围的人讨论这些事，而且有时情绪失控，会越说越气，最后暴怒地站起身威胁周围的人说如果谁胆敢有任何类似的反抗行为，他会不惜一切手段将他千刀万剐。据说，每当彼得歇斯底里发怒时，他的面部都会严重扭曲，肌肉痉挛、抽搐，和他姐姐索菲娅患有相似的毛病，还有人说这是因为他的童年受到过太多惊吓而留下的后遗症。不管怎样，彼得确实会经常让周围的人感觉到恐怖，哪怕是他最好的朋友。

有一段时间，也就是彼得在荷兰或奥地利的同一时期，俄国社会上传出了一些可怕的言论，说彼得已经客死他乡，列福尔特找了一个和彼得长相相似的外国人作为傀儡，朝中所有大事实则由列福尔特一手操控。为了铲除旧教，列福尔特将全面引进国外新事物，破坏这片土地上古老家族传承的优良传统。还有人说彼得长期在外，被西方蛊惑，不想回到祖国，即使回到国内也会将俄罗斯改造成西欧模样，让传统无处容身。

当时的通讯十分不便，在无法证明真相的情况下，人们都会选择听信传闻。后来，警察们把传播这些言论的人抓起来，对他们施以鞭刑，可这些人也是以讹传讹，无法提供谣言传播的源头。反对派借此巩固了他们的力量，他们拉拢一些动摇中的贵族，重新壮大了起来。后来他们策划了一次叛乱的阴谋：将射击军召回莫斯科，杀掉所有由外国人组成的驻守莫斯科的军队；然后顺理成章的地接过政权，宣布彼得放弃政府，将索菲娅重新推上王位。

反对派们与射击军谈及这一计划，双方一拍即合。他们专门成立了针对这次行动的委员会，设计每个步骤的实施细节，甚至包括索菲娅的即位演讲稿。射击军需要和城中的叛乱者里应外合才能顺利占领莫斯科，所以绝不能让彼得的支持者们在事先知晓一丁点他们的心思。而此时，射击军驻扎在边疆地区，为了不让人起疑心，一万多人千里跋涉行进到莫斯科需要一个合理的理由。他们假装抱怨条件艰苦，士兵早已思乡难耐，军饷没有及时发放让他们陷入窘境，他们提出回到莫斯科索要补偿。彼得的舅舅作为摄政王，当即派出代表安抚射击军，但他们早已心怀鬼胎，怎么可能有任何形式的妥协？于是他们启程，一万多人进军莫斯科。他们说，要向政府要个说法，得到合理的答复以后他们便返回驻地。而且他们表示不愿听信任何对沙皇不利的传言，他们希望亲自证实他们伟大的沙皇真实的情况。

当莫斯科得知射击军卷土重来时，城内陷入了一片恐慌。人们对他们几次冲进城内烧杀抢掠无恶不作的行为记忆犹新，这是一伙为钱卖命穷凶极恶的强盗。许多人因此变卖房产举家搬迁，人民再也不理会谁是谁非，谁能执掌朝政，不管是谁赢得胜利，他们总是这一过程中的牺牲品。所以在一定程度上来讲，射击军这一行为从一开始就受到了大多数人的抵制。

政府及时派出由戈登将军率领的莫斯科卫队出城加以阻止，尽管他们并没意识到这是一起阴谋。在距离莫斯科几十公里的地方，两军碰面。戈登事先考虑到，一支多数都是外国人的军队在这种情况下并无谈判的话语权，甚至会激怒对方让情况恶化，所以他们带上了一些德高望重的贵族，这些贵族期望和平，自愿参与谈判，他们早已将家眷转移，并决定在情况无法控制的时候直接参与保卫莫斯科的战斗。

双方就这样僵持下来，政府方面表示如果射击军能够原路返回，那么国家便不会追究他们任何责任并加以适当的补偿；而射击军方面坚持要到莫斯科城里去，他们说，必须要弄清楚国家发生了什么事，他们作为一群"爱国军人"没有理由被一些外国人阻挡着不能回到自己的家乡。如果政府执意反对，那么他们将采取武装攻占的方式。

但一个"爱国的军人"如果随时违抗命令，毫无缘由地想要强行攻占自己的首都，那么结论就很明显了。他们在人们眼里俨然成了叛军的角色，这未免让一些射击军成员在心里暗自打鼓。

同时，反对派们在城中为了拉拢支持者积极做着努力，教会的支持无疑是个重要的砝码。这在之前，阿列克谢沙皇死后拥立继位者的事件和索菲娅刺杀行动失败的问题上都得到了例证。教会及其神职人员的支持尽管不会增添任何一方的战斗力，但会增强他们的信心也就是精神支持。如果射击军获得了教会的支持，那么不管是他们本人还是人民群众便获得了另一种信息：神的旨意。相比背叛自己的国家，违背神的旨意更加让他们恐惧。

彼得即位以来，积极学习引进西方强国技术的态度早就引起教会的不满。事实上，他们最为反对沙皇提出任何形式的改革。他们一向反对任何改变，宗教通过神学来控制教徒的三观，以便于维持自己在社会中作为精神领袖的绝对地位，一些新事物包括新技术的引进会破坏他们早已建立起的精神体系。尤其在那个愚昧的年代，或许人们会在了解了一些事情科学的解释后，对宗教产生怀疑，这是教会绝不愿看到的事情。

教会自称守旧派，所以反对派很自然地投其所好成了"神的盟友"。教会安排了神甫走入军中加以鼓励，他们说这是为了保护优良的传统不被国外异教徒侵犯，赶走异教徒支持索菲娅的行动是在为上帝谋福。这大大增强了射击军与皇城卫队战斗的决心。他们亲吻着十字架，喝着马槽里的"圣水"，摩拳擦掌。

一般情况下，作为政府军会向叛乱者做最后的警告，就好像如今警察在追捕逃犯时总会鸣枪示警一样。戈登将军下令炮兵向射击军阵营开炮，但大炮要瞄向对方阵营的后方以便于炮弹能够正好划过敌人的脑袋上面，或许以这样强大的火力能震慑住对方这群乌合之众，但效果恰恰相反。

被吓得哆哆嗦嗦的神甫指着天上大喊："看哪，上帝让炮弹改变了方向！"射击军顿时士气大增，他们怀着对上帝神圣的敬畏之情，义无反顾地冲向了政府军。结果不出所料，戈登失去了耐心，当然，他仁至义尽了。他命装备精良的政府军全火力进攻对面的叛军，在很短的时间内，射击军被以最残酷的方式歼灭了。

戈登俘获了所有幸存者，但他们的命运已无法改变。射击军幸存者被以十人一组的方式处以绞刑。军官们被严刑拷打，在经受了无数折磨后他们用最后一口气吐出了整个事件的真正目的，包括组织者、里应外合者，全部落网。

这时，彼得从维也纳回到莫斯科。他以惯用的手法残忍地折磨着所有牵涉进来的人，包括老贵族、妇女、神甫等等，并从他们口中逼问出更多的名字。沙皇在暴怒之下毫无怜悯之心，他不论罪责轻重，不放过任何一个人的性命，将他们以各种方式屠杀。可以说，被斩首的人是幸运的。有些人被车轮活生生地碾死；有些人被活埋在地下，只留个脑袋在外面，经历漫长的挣扎后死去。彼得在盛怒之下体会到一种非凡的快感，回顾他童年的经历面对血腥和残酷的杀戮，那时尚在幼年的彼得在内心中竟产生了一种特殊的兴趣，这在他拥有生杀大权后得以释放。据说，在一次彼得喝醉以后，他命人带上二十名犯人，士兵把他们一个个带到岩石旁边，彼得就这样一边喝酒一边亲自砍下罪犯的脑袋取乐。

这次叛乱最终大约有两千人左右被屠杀，彼得下令将他们的尸首示众五个月，那时在克里姆林宫的周围到处遍布着无头尸体，它们散发着恶臭，等待着乌鸦吃去它们身上的腐肉。后来，它们被埋在一个深坑里，上面立着杆子。这并不是亡者的墓碑，在杆子上悉数写明他们犯有的死罪。一些人的头颅被插在旁边的木桩上，加以点缀。

索菲娅一直被关在修道院里，整个事件还没有进行到需要她出面的环节，可以说她在这场叛乱中没有起到一点作用。如果她真正参与其中，相信彼得再无当年的仁慈饶她不死了。但还是有将近一百个人被安排吊死在修道院的花园里，他们一个个惨死的脸正对着索菲娅的窗户。彼得还下令将给索菲娅写演讲稿的人右手砍下，把演讲稿放在他的手里一起钉在索菲娅的墙上，直到那只手腐烂，演讲稿自然脱落为止。彼得强迫她出家，和一般修女一样，在普通的修道院内修行，免除了一切头衔，改名为苏姗嬷嬷，六年后死去。

另外，彼得的第一任妻子欧多克亚也是在同一时间被关进修道院的，这个可怜的女人仅仅是因为丈夫对自己的厌烦被迫离开了九岁的儿子阿列克谢，和索菲娅一样，她也被剥夺了全部权利和头衔，化名埃莱娜嬷嬷。

彼得以他个人最为擅长的手法镇压了这次叛乱，再没有人敢公开反对彼得。那些古老贵族在绝望中退出政坛，他们既然不能提出相反意见，那就只好悄无声息地离开。射击军的编制被彻底取消，后来以另一种形式重新组建了一支军队用来替代射击军。

在这时，彼得在英国雇佣的大量工匠、技师，已经陆陆续续抵达俄国。彼得毫无阻碍地开始着手实施他的改革大计。

第四章　彻头彻尾的改变

1. 颠覆传统

　　彼得在欧洲时的各种表现，让人相信这是一个开明、具有远见的皇帝。没错，在一个腐朽的封建制度国家中成长的君王，能做到外出游历就已经很让人刮目相看，况且他的一切学习目的都是为了改变自己的国家，使自己的国家追赶上西方强国。对于他的种种行为，合理的解释只有一个——这是一个封建帝王，他要维护中央集权的统治，他的一切手段都是为了自己的家族。但这一系列行为在客观上促成了俄罗斯能够比肩欧洲其他强国的事实，甚至为今天俄罗斯在世界上的地位打下了基础，尤其是彼得大帝推行的改革。著名诗人普希金曾经赞扬："这次改革让俄罗斯腾空而起。"

　　这次出行对彼得的影响巨大，在他看来，西方不论从军事、科技、文化等各个方面都是俄罗斯要学习的对象。但在此之前，俄国人民必须改变陈规陋习，来适应前所未见的新生事物，在行为习惯、观念上，要扫除障碍。

　　在彼得惩治叛乱者的同时他还做了这样的事：

　　一天，彼得在皇宫接见了前来向他请安的贵族们。彼得一面向大家讲述出访的种种奇遇，一面询问叛乱的具体情况，并大大赞扬了戈登办事得力。就在大家热烈交谈的时候，彼得突然拿出一把大剪刀，一下子剪掉了夏诺元帅的胡须。在场的所有人吃惊地面面相觑，心想到底犯了什么样的过错要这样惩罚元帅，就在他们不知所措的时候，彼得又剪掉了其他人的胡须，每剪一刀还要发出声嘶力竭的怒吼。后来，现场的贵族们无一例外，脚下布满了毛茸茸的胡子。

那时，胡须在俄国人心里好比清朝时男人的辫子一样，他们认为，胡须是上帝赋予的神圣之物，圣人们都留有胡须，如果修剪就意味着违背了上帝的意旨，必将遭到惩罚。他们也觉得，胡子是男人威严、庄重的向征。

彼得却认为胡须代表了人们腐朽的观念，代表着黑暗的过去，只有摒弃那些陈旧之物才有可能走向新生活。话说回来，彼得即位以来对教会一直都没有好感，况且叛乱的时候还有教会参与，后来他处置了一批神职人员。不管怎样，彼得就这样粗鲁地对胡子下手了，贵族们回到家后都把家人吓坏了。后来彼得在一次宴会上鸣25响礼炮，侍从们也开始割掉自己的胡子，在舞会上，彼得看着自己与周围人光溜溜的下巴颇为满意。

可是胡须是会生长的，谁也无法时刻监测自己的胡须是否符合规定或者去精确地测量长度，这要浪费许多时间。彼得发布命令，征收胡子税。他规定：一个绅士如果蓄须，每年要支付一百卢布；普通人如果蓄须，在每次出入城门时都要受到阻拦，并支付一便士的罚金。后来，城里许多人宁可交税也不愿剃掉胡子；在离莫斯科较远的地方，更多的人保留着茂密的胡须。彼得又颁布了一道法令：如果蓄须的人到办公机构办事，会直接遭到拒绝，并支付五十卢布罚金。如果交不起罚金，就要被送去强制劳动，用酬劳补交罚金。

对于一些看似荒谬的习惯上，彼得也坚决通过以身作则的方式加以纠正。那时所有贵族为了彰显自己高贵的地位，无论在何时何地，只要出行，便会形成一大股车马队，声势浩大十分壮观。他们的随从大多数都是靠步行，所以贵族们无论乘坐马车或者雪橇都要走走停停，放慢速度以便于步行的人能够跟上。身份越显赫的贵族，出行队伍就越长，他们缓慢地行进，在路途中要耽误大量时间。天气好的时候，姑且当成一种奇特的景观来欣赏，但俄罗斯地处高纬度地区，风雪交加是家常便饭，如果这时赶上哪位大公有事要出门，那过程就十分凄惨了。在恶劣的环境下，随从们必须光着头忍受，因为他们的地位决定了他们不能戴帽。更可笑的是，贵族之间，要相互攀比谁走得更慢。他们认为：走得越慢越能显示出自己高贵的地位。结果可想而知：地位越高的贵族，队伍越狼狈。

彼得决定改变这个可笑的习俗，每当他出行时只带着几名随从，让他们骑着高头大马，自己坐在马车或雪橇中，快马加鞭地从人群中通过。这样雷厉风行的作风很快就成为一种时尚，贵族们也纷纷效仿。彼得还通过法令限制他们随从的数量，如果不遵守规定，那么多余出的那些人将直接被送进军队。从这些小事上足以看出，彼得在那个时代是绝对的奇葩，"一切从简"追求高效率这种办事方式即使在今天也不是所有官员都可以做到的事。他在老年的时候曾经说过："在改革的过程中，我觉得有时候我是独自一人在对抗一千四百万臣民。"

俄国贵族的传统服装已有一百多年的历史，在这期间，样式毫无变化。他们的衣服肥大，类似于长袍一类的服饰被一层一层套在身上，衣领高高竖起直到下巴，宽大的袖口让人张开双臂的时候活像一只蝙蝠，衣服的尾身一直垂到地上，到了冬天外面还要套一层同样样式的皮草，外面用一条宽大的腰带系上，从而突显出让他们骄傲的大肚子。头上戴着极高的皮帽，从远处看活像一只只羊驼。这样的衣服从不体现任何剪裁的技术，仅凭镶嵌在衣服以及袖口上华丽的珠宝来区别价值。有些人的衣服就是用自己妻子的衣服改的，再加上有的人留着长发，在冬天，视线不好的时候根本无法区分男女。

　　从西欧归来的彼得对各式先进的服装，不管从款式还是舒适度方面都已经有了深刻的了解。所以当他重新看到这些传统服饰的时候就更加厌恶，他认为男人就该雷厉风行衣着简单，不该行动迟缓像个蠢女人。他表示传统的衣服袖子太麻烦，经常掉到汤碗里或者打碎东西，长袍束缚了人的行动，甚至想要快走都是很困难的事。

　　至于普通人的衣服彼得也十分不满意，因为没有口袋，有时人们不得不把随身物品都塞进靴子里。沙皇还记得，当他们在欧洲参加游行时，一些外国人对他们的衣服指指点点，这让他心里大为不悦。他觉得，人如果被衣服束缚住那就太可笑了，在一个国家走向强大的路途中，不能有丝毫的障碍。

　　彼得随即发布法令，规定所有的贵族、官员必须要身穿匈牙利式服装，长袍底边不能低于腿上的袜带。后来他又发布一道法令加以补充，除了神职人员、马夫和农民外，其他男子一律穿匈牙利或德国样式的服装，连同家眷也要遵守同样的规定。次年，又补充一些具体细则，例如男女穿衣裤的款式细节等等。这些要求和当时法国德国等国家的流行服装极为相似了，或者说是完全按照那些国家的服装样式制定的要求。为了给人们提供范例，他还在各城门口展出了这些服装样式。

彼得还采取和胡子税类似的惩罚措施，在城门口一旦发现不符合规定的服装，便采取罚款或者毁掉衣服等办法来督促人们尽快做出新衣服。但一些贵族并不适应新服装，尤其是裤腿只能到膝盖，长袜裸露在外面，一方面让他们觉得很滑稽，但更重要的是他们觉得这样是非常寒冷的，或许这并不适合俄罗斯的气候，但没有人敢顶撞彼得。

彼得还颁布一些"现代化"的法令，例如他结束了妇女必须"大门不出二门不迈"的传统，允许女性随意自由地参加社交活动，还规定男女双方在婚前必须举行订婚仪式，并在正式婚礼之前可以自由地见面。这一系列颠覆传统的改变都是彼得为了推进国家发展与强大所做的基础工作，他相信，只有人民意识逐步转变，更有针对性的改革才会顺利进行下去。

2. 军事改革

军队一直都是彼得最看重的地方，自从叛乱平息后，射击军这个编制就被取消了。沙皇不愿再冒任何风险去让一群贪婪的地痞终日在自己身边晃荡。现在他对军队有了更加明确的要求，就是为他夺取波罗的海的入海口，打败瑞典。

首先他依然从服装入手。还记得列福尔特为了给彼得展示新式军装以及西方的训练方法特别组建的近卫队吗？没错，现在彼得将近卫队的模式推广到了普通军队。废除旧射击军惯用的军装，采用类似西欧军服式样的新式军装，这样的衣服更加简洁便利，更重要的是，新征召入伍的士兵会产生一种全新的观念：他们会觉得自己是一个新的起点，和以前的士兵完全不一样，他们是先进的，是被推崇的。军装的改变在一定程度上激励了士兵的斗志，改变了射击军过去在人们心中腐败贪婪的印象，在人的心理上起到了很重要的作用。

彼得实行了新的征兵制度，军队的花费由百姓承担，军人的薪水丰厚，采用西式系统的军事训练方式。在编制时，彼得特别将同一地点征集的士兵分批安排在一起，并用他们的家乡名称给他们队伍命名。这有效地提升了团队战斗力和士兵的求胜欲。

为了保证这种征兵制的权力集中在自己的手里，他规定所有贵族也要服兵役，过去射击军的领导位置被逐一替换成一些绝对拥护沙皇的贵族子嗣，普通士兵如果想要晋升至高官是十分困难的。同时也规定了极为严格的军中纪律，着重提出上下级的关系，并称一有违反，不论身份等级，一并处以相同刑罚。后来又统一了各部后勤供应和军备，军队更容易集中管理，缩减成本的同时提高军队的生命力。

为了培养贵族子嗣们，彼得还扩大已有的几个学校的规模，重新创办了航海学校、炮兵学校、工程学校等专业性极强的军事学校，这为后续的军事人才培养奠定了坚实的基础。1705年以后，军事改革初显成效，一部分俄国军官崭露头角，彼得不再需要大量外国军人的帮助，于是颁布法令限制他们的服役，此后俄罗斯军队更加本土化了。

海军的建立是彼得军事改革最精彩的一笔，他被誉为俄罗斯海军之父。彼得在游访西欧之前派出了一批贵族子嗣专门学习造船和航海，此时他们已经分批回国，尽管他们当初不十分情愿，但众多年轻贵族中不乏有人学有所成，他们就成为最早的俄罗斯海军将领。在不断招募外国专家以及培养本土航海人才的情况下，俄罗斯海军不断壮大，在北方战争结束之前，俄罗斯已拥有一百七十多艘大型划桨战船，装备大炮两千多门，到1725年，俄罗斯已经建设了二十五所船坞，并拥有数个军事港口、海军训练基地。

没有这次军事改革，就没有大北方战争的胜利，也就没有跻身于欧洲列强的俄罗斯帝国。

3. 控制教会

对于教会，彼得还深深记得不久前他们大力支持射击军叛乱，并利用上帝的名义批判彼得出访西欧，煽动舆论等等。但从客观上讲，教会的职能决定了他们的行为，而这个职能其实就是引导人们遵循古老的习俗。神甫们会反对一切改变，不论是进步或者退步，因为他们领导的精神领域是一个相对稳定的空间，任何的改变都会破坏这个结构以至于动摇宗教的地位。说白了，教会终归还是个特权阶级，一旦改变，或多或少便会影响他们的权益，在任何一个宗教国家里，神职人员都是靠特权获得财富，谁也不希望遭到破坏，他们反对任何的改革，甚至一提及改革便谈虎色变。

在俄罗斯，教会都是相对独立自由的。他们的领袖被称作大主教，他的权力遍及整个东部的基督教国家，而与之相对的是西部的罗马教皇。

这样看来大主教的地位可想而知，他是整个东部世界的精神领袖。在一些仪式上，他的地位要比沙皇还高，例如，主教骑马游行的时候，沙皇必须为他牵马。马的缰绳被制作得十分华丽，通常以金色丝绸缝制。沙皇走在最前方牵着，后面跟着几个托着缰绳的重要贵族。而此时大主教坐在马上，后面跟随着神甫们，他一边向人们打招呼，一边双手交叉为人们祈福。整个队伍比任何一个皇亲国戚出行的队伍都要长，一眼望不尽，神甫们同样穿着华丽的教士服装，手持一些圣物，所有的这些都是用无比昂贵的珠宝装饰制造的。

不过彼得并没有对这些尊卑礼仪感到不满，事实上，只要不有损尊严，有时彼得是个不拘小节的人。他能居住船厂，能当船工，能在小酒馆里和流浪汉划拳，能吃很多苦，只要这些不危害到他的利益。但这次叛乱让彼得认识到，教会不仅仅是一个一年举办一次仪式的组织。教会是庞大而独立的，在这里，所有成员包括牧师甚至每一个教徒都非常忠诚，神甫们在各自的地区对身边的百姓都产生着重要影响。或许沙皇可以用军队和屠刀逼迫一些人为自己服务，但神甫不需要凭借任何东西就可以让全国人民自愿地行动。这种力量，经历过叛乱的彼得感受得更为强烈。

彼得决心要掌控教会，他不想再让教会拥有权力，或者说拥有可以动摇他统治的影响。但彼得并没有像以往的做事风格一样强硬而直接，这次他想要不动声色地完成变革。

他等到一名在位的大主教病死，然后他没有让教廷按习俗推选下一任大主教，而是特意委任一名他的牧师朋友掌管教会。他嘱咐这个牧师朋友，一定要尽可能维持大主教生前时教会的运转，但要把沙皇当成教会的直接领导，所有重大决定都要向沙皇请示。

但这不可能不被发现，教会深感不安，几位候选主教也表达强烈的不满。彼得立即宣布，将其中一位呼声最高的主教降级。这就又表露出他专横的一面了。按道理说，教会是个独立的体系，外人无权干涉教内事务，而且几位主教又是同级，没有人能够将主教降级，这是前所未有的命令。虽然他们对此强烈反对，并说明这样的命令无法让人理解，但依然表示如果彼得能不再插手教会事务，把决定权重新交还教会，让他们举行教内的大主教选举，他们愿意联合起来废黜主教，牺牲他一个人来保全大家。

但彼得的强硬注定了这些神职人员的失败，他们没有谈判的资本。彼得决定就地罢免那位主教，并直接任命自己的朋友成为新主教。教会的其他人不得不屈服，谁也不敢再公开反对彼得。尽管他们撒了些传单在街上，但随着时间的流逝，这场变动被人忘却，沙皇最终实际控制了教会。

4. 其他方面

为了加强对国家的各地方的控制和平衡地方利益，彼得还将国家行政机构进行了重组。

那时的各地方行政部门采取陈旧的衙门制度，基本都是由地方推选的贵族和官员组成，结构松散，各部门分工不明确且各地方与中央缺乏紧密联系。权力完全由地方贵族掌控，甚至像个小国家一样，连官位都是世袭制的，普通百姓无法得到公正的待遇。这样的体制中，办事效率低下，贪污腐败成风，徇私舞弊事件层出不穷。

这样的情况和同时期的清朝相比，十分相似"三年清知府，十万雪花银"，这是那个时代行政部门最真实的写照。官员们为了敛财，通过各种巧立名目的赋税层层盘剥民众。在今天看来，这确实是必定要铲除的毒瘤。但在那时，作为民众最大的剥削者——皇室，这些问题似乎显得不那么重要，除非他们触犯了彼得的利益。

彼得回国以后，大力引进国外的先进技术和物资，尤其是与航海造船相关的行业，更需要各种原材料的输入，所以工商业的大力发展是大势所趋，彼得希望通过扶持，提高俄国本土商人的实力，这样以后可逐步减轻对外国技术人才的依赖。但商人们的利益却和普通民众一样被各地方腐败的行政机构剥削着，这种压力导致他们畏首畏尾，不能够有效地扩充实力。同时，许多贪官污吏欺上瞒下，克扣了大量的合法税收，使得国家的经济蒙受损失。

在商人们的不断呼吁下，彼得决定取消衙门制度，设立参议院。参议院拥有仅次于彼得的权力，上至中央机构下至地方行政机构，都是参议院的管辖范围。此后，又相继成立了11个院，权责明确地分管各个领域，这样政府的办公效率大大提升，而且最重要的是，每一个决定都是由各议院中的议员投票决定的。起初，参议院只出现在商人的集中地莫斯科，而后随着各行政省的设立，参议院得以普及，直到全国分成50个州，每个州都有自己相对独立的行政体系。后来，为了进一步提高政府办事效率，彼得修改了官员选拔制度，重新设定了官僚体制，其最大的变化是，改变了世袭制，包括沙皇的宝座，在沙皇指定下也可以由任何人去继承，而不必是王室成员。这让很多官员增加了办事积极性，同时一些普通人也有了机会当官，参与国家事务的管理。这一套改革下来，不仅加强了中央集权，站在国家实力的角度上看，通过税务体系的改进，增加了财政税收，商人们不必遭受层层剥削，利益也有了保证，更有助于本国工商业的发展壮大，为此后彼得颁布一系列发展工商业的政策铺平了道路。彼得针对工商业改革的一个小故事，很好地体现了此番改革在彼得和商人们之间平衡双方利益的效用。

在一个平静的上午，一道皇帝的诏书使早已身心俱疲的商人们振奋起来。诏书大意为："伟大的皇帝得知，各级商业公会，经商者与普通市民，长期备受各地腐败官员的压迫，在各自领域受到严重的限制，从而损失了各方合法经营者的利益，对国内工商业造成重大破坏。陛下本着慈悲为怀，昭告天下：特设市政院管理有关商务、税收以及平衡各方利益的一切事务，市政院成员将在广大工商业者中选举产生，其中一人为主席，每届任期为一个月。"在具体细则中规定，将一座靠近皇宫的老宫殿作为市政院办公使用。在此处理的所有相关事务可直接向沙皇本人参奏，不必通过上级机关。

商人们皆大欢喜，对于他们来说这仿佛就是恩赐。这意味着，他们从此将翻身做主，将个人利益作为制定管理办法的唯一依据。他们严格按照指示，认真地选拔出了德高望重且最具实力的人进入市政院。而且他们自费将那座供他们办公的宫殿装修得焕然一新，甚至还煞有其事地为自己雇佣警卫。尽管由沙皇直接管理后，税率有所增加，他们要交出更多的税款，但商人们心甘情愿。在过去，各军政长官和地方官员会将商人们视为下金蛋的鸡，时不时就要敲上一笔。如果没有满足他们的贪欲，商人们会被以各种理由进行惩罚，羞辱，甚至像奴隶一样被拷打。商人们同时还要经常主动地多方打点，以保证这些贪官污吏尽可能少找自己麻烦，就像交保护费一样。但没有人愿意生活在一个交保护费的环境下，他们有资本，却无法享受应有的地位和礼遇，甚至比穷人过得还没尊严。现在，他们不必再受制于人，只要跟随一个大哥——沙皇，多交点税，他们就可以安安稳稳地做生意甚至掌握一些权力了。

设立市政院不久，沙皇亲自来访。这是他们第一次碰面，双方期待已久。

所有商人恭候着沙皇，不一会儿，沙皇进来了，浑身散发着酒气，笑嘻嘻地跟商人们打招呼："大家好，大家好。"一边和一些人握手，还不时拍拍对方的肩膀。他走到一把椅子前，随意地坐下，招呼着毕恭毕敬的商人们一块落座，并将他们聚拢到自己身边。"没错，就是这样！很好。"沙皇把脑袋凑近大家，"我就是需要你们这样的人，而且多多益善。在西欧，他们对优秀的工商业者都会给以赏赐，难道我就不能吗？"商人们面面相觑。沙皇接着说，"你们看，为了发展，我们必须要开始一种新的生活方式不是吗？可你们之间有些人还在犹豫呢！"看到商人们困惑的表情，沙皇有些不耐烦了，"我们必须摒弃以前那种闭门造车的理念！我们的一些领主永远身居幽宅，不见天日，这样和狗有什么分别？你们是生意人，绝对不能那样！你们要成立组织，不能各自为战，就像荷兰的联合东印度公司那样——他们总是联合起来造船，联合起来做生意，做什么都联合起来！这样他们才能够将资源共同利用，将利益最大化！我们也可以建立一个他们那样的交易所，甚至比他们那个还大，到时候你们可以集中你们的优势成立联合公司，囊括各种工商业，这多好啊！可现在你们总是盯着自己那摊儿，靠坑蒙拐骗挣点小钱！"

人群中一个年轻的商人点头表示赞许："对，对。"但被人拉了回去捂住他的嘴巴。他挣脱开，崇拜地看着彼得说："陛下说的没错，我们就是这样，缺斤少两，总是想着在这上面取得利润。"彼得笑了，其他的商人也尴尬地笑了，但彼得又严厉起来，"所以说你们根本就不会做生意！钱是这样骗出来的吗？你们是商人！要学会利滚利，越做越大！像你们这样每挣到一分钱都用来搞女人喝大酒，所以才会这么穷！"虽然人群中有人想要解释，但彼得激动地打断了他，"不用再说了！你们全都一样！你们可以去国外看看，看看人家是怎么做生意的！他们总是跑过来烦我，一会儿向我要点这个，一会要我租点儿那个。可我们自己的商人——就是你们，从来就没有这些意识！你们难道比人家弱吗？我们国家的商业为什么不能全掌握在自己人手里呢？有个外国人跟我说，你们国家遍地都是黄金啊，为什么你们却这么贫穷呢？你们听听，我能回答他什么？！你们不觉得羞耻吗？站在自己的土地上，却要外人来喂你们吃饭！"

彼得的一番斥责让商人们哑口无言，但这番话确实让一些人陷入了思索。而后，彼得让秘书宣读了一道诏书，大致内容是，巴热宁兄弟通过研究外国模型，自行设计建造了一个锯木厂。产品后来销往国内外，甚至为了运送货物又建造了运输艇。为了表彰和鼓励，彼得下令在他们的村子建造的舰艇所需所有材料都将免税，同时舰艇被允许装备大炮，允许其自行雇佣国内外技术人员并自行发放工资。

后来彼得又将诏书亲自颁给巴热宁兄弟，并拥抱亲吻了他们，对商人们宣告："我们就以此作为开始吧。"然后，彼得又向大家介绍了一个他的铁匠朋友，彼得说："他是位非常了不起的铁匠，他制造的武器比英国人的都要好，我为他担保！如果有需要，各位商人们请予以考虑！在必要的时候，我还会赏赐给他土地和村庄！"

这次会面，彼得向商人们传达了自己要大力支持工商业的决心，这让俄罗斯商人们在思维上开始转变，开始考虑何为生意，何为资本，而不是简单的买卖。

这次涉及各个领域大刀阔斧的改革持续了数十年，对俄罗斯影响深远，也是彼得最重要的功绩之一。

第五章　开战

1. 点燃战火

在改革顺利进行的同时，彼得开始考虑他一直梦寐以求的港口。就在这一时期，一个里加城的落魄贵族到访莫斯科，他来见彼得，只为了一个目的：搬救兵。

里加城原属波兰管辖，在被瑞典占领后，当时的查理十一世颁布了一条"土地收回法"。这导致大批贵族的地产被剥夺，帕特库尔就是其中之一。他向彼得抱怨，自从瑞典人来了以后，他们历代继承的由皇家赏赐的地产和财物被无情地收回，他们还对里加城征收重税，使很多里加商人走投无路。他自己也别无选择，逃往波兰。

帕特库尔说波兰的奥古斯特国王已经命部队驻守在边界了，而丹麦的赫里斯维安国王也和瑞典有着不共戴天之仇。这是两个天然盟友，如果俄罗斯愿意加入，那么他会极力促成三国同盟。帕特库尔之所以如此自信地跑来找彼得游说，是因为他知道彼得最想要什么。他说："陛下，如果您决意参加战争，那么您可收回自古以来就属于俄罗斯的领土，更重要的是，你可以建造一支强大的舰队取得波罗的海的制海权，这样您就拥有了一条贯通东西方的交通线，这是所有欧洲帝王都可望而不可即的。您可以比肩英国、荷兰，成为第三个海上强国，这是多么大的荣誉啊！"这几句话说到了彼得的心坎里，一直以来他绞尽脑汁想在黑海上下功夫，但这一番话让他突然转变了主意。彼得说："你要知道，虽然这是个好提议，但是瑞典人拥有欧洲最强大的军队，你还让我说什么呢？"帕特库尔单手举起，好像发誓一样："陛下，我保证现在是个最佳时机。查理十一世死了，现在的查理十二世不过是个小孩子。您知道，他整天玩乐，花光国库的钱去办舞会，他杀牲畜取乐，随意鞭打自己的臣民，瑞典国民都产生了极大的抱怨，这都是我亲眼所见的。听说他向议会要钱没得到允许，他就放一群猎犬去咬他们。陛下，像这样一个小崽子，您动动手指就能掐断他的喉咙，我们有什么可怕的呢？"

彼得没有答复帕特库尔，因为他做着两手打算。

不久前，瑞典的使节来到了俄罗斯，他们带了瑞典的礼品，向沙皇表示敬意，这是由于查理十二世刚即位，这样的外交手段必不可少。而对于彼得来说，港口是必须要拿的，一面是土耳其的黑海，一面是瑞典人的波罗的海，如果没有把握他绝不会贸然向任何一方进攻，否则一旦这两方联合起来，他将面临南北夹击腹背受敌的困境，所以彼得必须要争取到其中一方才能让他放开手脚去征战。于是彼得直接向瑞典使节提出缔结永久和平条约的提议，并当众向合约书起誓以表示有效，但瑞典使节们却退缩了，他们表示：虽然两国友好，但永久和平的问题他们不能做主，需要请示国王。但在那时，从莫斯科往返斯德哥尔摩需要将近半年的时间，在这期间，他们只能在滞留在俄罗斯等待回信。

就在帕特库尔和彼得会谈完不久以后，帕特库尔又一次到访。

这次，他带来了三国结盟的密约。帕特库尔说："如果陛下认可，我将即刻启程奔赴华沙，将奥古斯特国王的亲笔签名带回来。"彼得很高兴，他感动地对帕特库尔说："去吧。为了我们伟大的事业。"

就这样彼得终于将矛头对准瑞典。派去土耳其商谈长期休战协定的使团，略施小计，便取得了土耳其的签字了。在签字的第二日，彼得宣布正式向瑞典宣战。

瑞典国王查理十二世的确是个十几岁的孩子，但他并没有帕特库尔说的那样顽劣不堪，事实上正相反，他意志坚强，拥有极大的征服欲，他把遇到的一切困难都当作上帝给他的考验，小小年纪便城府极深，后来名扬欧洲，成为世界最著名的军事家之一。彼得和奥古斯特对帕特库尔的一面之词完全听信，一心只想着轻松瓜分瑞典的领土，这样轻敌导致他们后来损失惨重。

查理十二世得知彼得对其宣战以后十分愤怒，彼得宣称：因为出访瑞典时受到无礼的对待，以此来进行报复。是的，就是在参观防御工事时遭到拒绝那件事，这是彼得决定将矛头指向瑞典的原因之一。瑞典政府从未想到，一个小小的摩擦竟会导致如此严重的后果，但查理十二世决定积极应战，他绝对不会对一个如此荒唐的理由做任何回应，他必须教训一下俄国人。

2. 纳尔瓦失利

三国盟军原本计划好，由丹麦作诱饵声东击西，驻扎在利沃尼亚边境的波兰军攻占里加，然后俄罗斯加入战斗占领纳尔瓦。但这漏洞百出的计划，加上意志不坚决的盟友导致事情从一开始就没有向他们预料的方向发展。当查理十二世得知这三国意图之后，首先派遣一支庞大的舰队前往祖恩德海——停泊英国和荷兰舰队的地方。这两个国家的舰队本打算静观其变，他们当然不希望瑞典人控制波罗的海，可就在他们犹豫的时候，查理十二世的舰队到了他们面前，于是，这两国顺水推舟加入了瑞典的舰队。这三支联合舰队将整片海域的光线都遮住了，他们抵达哥本哈根要塞开炮威胁丹麦退出战争，赫里斯维安害怕了，谈判过后，丹麦退出战争。

这一切都发生在彼得毫不知情的情况下，这就意味着，他在向瑞典宣战的时候，丹麦已经退出。同时波兰军队也并没有像预想的那样轻松拿下里加城，他们甚至深陷于此无法自拔。他们遭遇瑞典军人猛烈地还击，不能再前进半步，以至于后来不断地向彼得派信使要兵要大炮。此时查理十二世已经率舰队全速支援里加，波兰人进退两难。

无论何时，战争总是会使世界暂停前进的脚步，甚至后退。除了交战国以外，其他各方都会是间接的受害者。这场战争引起整个欧洲的震动，多数国家反对战争，尤其是荷兰最为不满。他们不得不将波罗的海沿岸的贸易全部暂停以躲避战火。他们对沙皇发出了强烈的抗议，一面游说其他国家一起加入到抗议活动中，以便尽早结束战争。他们还多次到访华沙，劝说奥古斯特结束对里加的包围。在当时，里加作为一个重要的商业城市，有大批外国商人在那经营贸易，以荷兰人为数最多。当时波兰人已自身难保，面对着查理十二世即将到来的舰队他们束手无策，很显然彼得已经无力增援他们，哥萨克军队被歼灭是早晚的事。这时荷兰人的劝和竟成了他们的救命稻草，他们假意卖给荷兰面子，同意了暂停围攻里加，实际上他们是为了全身而退。但碍于俄罗斯方面，波兰人并没有退出战争，而是暂时的盘踞在一个狭窄通路上，奥古斯特给彼得写信保证说这只是暂时的撤退，仅仅是为了保存实力。他们会死守在皮加伊奥基，直到战争结束。

此时，战场上就只剩下纳尔瓦的俄军了。查理十二世得知里加城暂时解围，于是调转部队，直奔纳尔瓦城。尽管一周多来，彼得用大炮和炸弹猛烈地轰击城墙，却无法打开一个缺口，这是由于俄军的大炮陈旧，加上弹药严重不足，火力不够。在战场上，彼得发现有些军人根本就不会打仗，在装火药的时候经常出现操作失误，导致误伤。与此同时，他们还要承受着守军的还击，瑞典军人作战娴熟，组织有序，这让沙俄这些处在军事改革初期还未曾实践过的新兵措手不及，弹药逐渐被消耗掉了。此时奥古斯特的来信给了彼得当头一棒，而后他收到战报：西线战场早已结束，丹麦退出了战争，查理十二世已改变方向，全力支援纳尔瓦城。

为了自身安全起见，彼得宣称要亲自奔赴诺夫哥罗德督促增援物资，将指挥权交给克洛伊将军。他的命令是这样的，第一，任命冯·克洛伊将军为总司令，代沙皇陛下行使军队指挥权。第二，在最短时间内攻下纳尔瓦城。

克洛伊将军是位德国籍军官，彼得把军队交给他其实并没有什么周详的考虑，只是因为他是欧洲人，或许了解欧洲人的惯用战术。事实上，彼得已经知道这次战争的结果，他跟自己的密友说："我们还没有学会如何应战，或许我们根本就不该来。我们一定会取得胜利，但凭这支军队是不可能。你以为战争结束了吗？不，这只是个开始！"我们可以确定的是，彼得在知道胜利无望的时候没有狼狈逃窜，而是做了周密的安排后自己全身而退，更为可怕的是，彼得好像认为这只是战争的开始，他似乎并没有为这次失败感到气馁。无论是谁，在什么领域，应该都不希望遇到彼得这样的对手。

很快，克洛伊率领的俄军得知消息，瑞典人大军将至。克洛伊凭借丰富的军事经验，率主力部队埋伏在由里加前往纳尔瓦的必经之路上，这样前后夹击足以将他们消灭在半途中。

但查理十二世却以他高超的军事谋略打得俄军猝不及防。他并没有率部队走常规的大路，他只率领八千人的部队，无论如何必须谨慎，一旦正面遭遇俄军的四万人那么结果是显而易见的。此时已经下起大暴雪，整个部队仿佛行进在白色的迷雾中，他不得不靠探子来来回回地骑马探路以确保行军的安全。在这种情况下，查理十二世选择了一条早已被暴雪封住的小路，尽管道路十分崎岖，行军艰难，但这正好绕过了克洛伊的埋伏。当他们到达俄军前方哨所的时候，俄军还浑然不知。有人劝他，在这样恶劣的天气以寡敌众是不明智的，但查理认为，正因为漫天大雪才会掩盖住他们人少的劣势，而且谁也不会想到在这样的天气会遭遇敌人，以突然袭击的方式能够在最短的时间内将俄军打垮。

瑞军发起了攻击，和查理想的一样，俄罗斯的新兵面对这些突如其来的刺刀和炮弹仓皇逃命，查理十二世从一个俘虏的口中得知了俄军的整个战略部署，于是他分头攻击各个击破，后来所有俄军都逃往纳尔瓦河上的一座渡桥，由于逃命的人太多压断了桥，而大批蜂拥跟上的俄军也因为来不及站稳脚步而被挤向河中，纳尔瓦河上漂浮的尸体越来越多。克洛伊看到此景愤怒地喊道："沙皇塞给我的这些是什么？这也叫军队？！"为了避免被已经杀红眼的瑞军弄死，他骑马跑到瑞军阵地主动投降了。

瑞典人以不到三千人的代价赢得四万多人的俄国军队，这让刚即位不久的查理十二世一战成名，这场战役也成为战争史上以寡敌众的经典战役。瑞典人俘虏众多俄国军人，但他们无法养活这些人，他们需要吃穿，需要住所，而这些对国库亏空的瑞典来说是一笔不小的开销，于是他们只扣下了军官，把大批士兵赶到俄国边境让他们自行逃命。为了保证他们只想着逃命，不会重新组织起来反攻之类的，他们将俘虏们衣服的接缝处剪开，这样，为了保证衣服能一直裹在身上不被冻死，俘虏们逃跑的一路都要将双手举起捏着肩膀的位置。

3. 翻身

彼得召集当地贵族商议，他说："虽然瑞典人给了我们一点点教训，但我认为那没什么不好的，在一开始的时候吃一次败仗要比打一次胜仗更能得到经验，对不对？"彼得说，"你看，我们需要更多的大炮，更多的装备。需要建造防御工事，如果这时候瑞典人追过来，我们就有可能失去莫斯科。但是如果你们能够支持我，我就能在最短时间内，重新组织部队，造更多的大炮，然后我就跟他算账！你们给我一卢布，到时候我还给你们十个！"

但这次商人们没有再支持彼得，他们抱怨如果起初在形势不利的时候就跟瑞典议和，那么国家的损失会小得多，商人们的生意也不会受到影响。他们损失的太多，已经没有钱支持彼得了。尽管彼得很生气，但眼下，他必须想出更好的办法弄到钱去装备军队，否则一个没有强大军力的国家失掉领土就是早晚的事，他迫切需要大炮，于是他又打起了修道院的主意。

修道院和王室类似，都是由国家供养的特权阶级，他们手里掌握着大量的产业和教堂。彼得把掌管修道院的那些教士们传召进宫，严厉地命令他们："从今天起，你们个个都得干活，连同你们的侍从、妻子。我会派人去监督你们，要是让我发现你们闲着，我会把你们绑在广场上打几十棍！一直到战壕修好之前，停止一切祷告活动！"彼得命人摘掉了所有教堂和修道院的大钟，把它们熔铸成大炮。

看到彼得夜不能寐，不惜一切代价想方设法筹钱保卫国土，彼得的叔叔道出了一个秘密：彼得的父亲生前曾秘密托他保管过一大笔财富，只有国家陷入困境的时候才能拿出来使用。为了不让彼得再做出过激的行为，他的叔叔只好拿出了这笔钱。这立刻解决了彼得的燃眉之急，他发誓，即使是为了伟大的父亲也要让查理得到教训。如果彼得没有得到这笔钱，可以想象，或许他早已经将修道院的地产全部卖掉，将贵族的财产强行掠夺过来，那此后的俄罗斯恐怕就是另一番景象了。

查理十二世取得胜利后声名鹊起，许多欧洲国家纷纷向这个军事最强大的国家靠拢，当时瑞典国内建议查理十二世乘胜追击一举占领莫斯科，这也是彼得当时最担心的，但查理没有这么做。他认为如果向东进攻莫斯科，那战线又漫长又艰难，那边的荒凉既不会给他带来资源也不会带来荣誉，同时一直退守在西边的奥古斯特很有可能切断他的交通线；相反如果向西进攻波兰，既可以对背信弃义的奥古斯特进行报复，同时能借此机会继续攻入欧洲内部。

查理十二世并没有全面放弃东面，只留了少量军队游走俄瑞边境地带，其他人全力进军波兰，他们经历了多次以寡敌众的战役，最终获得重大胜利，他占领了华沙，赶走了奥古斯特。就在波兰战事激烈的时候，东部的瑞典部队和俄军遭遇了几次。他们发现，俄军的恢复速度远远比他们想象的快，他们拥有了很多新型火炮，还有一些新式战船。那些军人训练有素，勇猛善战，和之前他们遇到的仓皇逃窜的俄军很不一样。这一切都是彼得积极推进军事改革、用全部力量重组军队的结果。

于是瑞军将领赶紧写信给查理十二世，他说俄军恢复神速，已经不再那么容易击败。希望他能尽快从西部撤回，把俄军彻底消灭。但查理并没有理会，当时，因为战事接连告捷，加上西方各国对他的恭维，他已经再也听不进别人的意见了。次年，俄军将领凭借果敢的判断力和新式武器的支持，分别在艾烈斯特费尔和胡梅尔斯霍夫突袭了两次瑞典军队，都获得了胜利。这两次重要的胜利让彼得获得了波罗的海的出海港，比邻的涅瓦河口可以联通俄罗斯内陆的航道。为了庆祝，莫斯科城内甚至举办了大型庆典活动，这是对瑞典的首次胜利，也是一次实现彼得梦想的胜利。每位士兵获得了一卢布的奖励，军队首领谢列米杰夫将军获得了大元帅的封号。

4. 建立圣彼得堡

后来彼得视察他们从瑞典人手中夺过的这片地方，他注意到这一带的涅瓦河流域河道宽广，非常利于航行。而这一地区岛屿之间的水域是很深的，非常适合建造港口。于是他随意登上了一座小岛，他惊奇地发现这座岛屿的陆地异常坚实，位置处在河口上，如果在上面建造一个堡垒恰恰能守住涅瓦河的大小河口，而这座岛的面积又仅仅只能容下一个堡垒，除此之外周围没有落脚的地方了，这座堡垒将会紧紧把住河口，堵住任何来犯的敌人。

　　没错，彼得的初衷就是要建一所防御瑞典人的要塞。在第二年，要塞开始动工了。他首先用木头为自己建造了一座简易的住房，作为他建造要塞时的居所和指挥部。这是圣彼得堡的第一个建筑，后来作为一个珍贵的纪念，被加以修缮，永久矗立在那儿。要塞最初的建设者就是彼得和他的手下们。围绕着整个岛屿，彼得和他的将军们分别负责建造六个棱形堡，然后再将它们连接起来。

　　这是当时一种被广为采用的防御工事。在旧时代，攻城往往靠人墙，士兵带着梯子往城墙上爬，而在近一百年，火炮在欧洲的普及也让战争成方式发生了转变。步兵主要配合着大炮的轰击，从城墙的缺口里冲进去就行了，或许还能直接将堡垒轰掉，速战速决。所以堡垒再建造的像过去那样又直又高，只能加大被炮击塌的可能性。现在的六棱形堡垒都采用类似金字塔一样的结构，底座异常宽厚，上方狭窄，这样既能抵挡炮击，也便于守城者从城墙上射击爬墙的敌人。

　　在建造要塞的同时，彼得还下令在涅瓦河岸边建造船厂，这是用于军方的专门建造军舰的船厂。后来彼得的很多大型舰船都出自于此。现在，这个船厂已改为俄罗斯海军军部了。彼得还在这一区域建造了海军基地，这一系列的工程构成了俄罗斯对波罗的海沿岸的防御体系，让俄罗斯将这一带波罗的海的控制权牢牢握在手里。

　　在建造要塞期间，彼得一直在考虑着如何将这座堡垒发展起来，他认为这个地方应有更好的发展前途而不仅仅是作为一个要塞矗立在这。这都是因为彼得太爱大海了，他在这里的这段日子终日面对大海，吹着海风，还可以用望远镜观察海面上的船只，这都让彼得舍不得离开这里。这堡垒的后面，也就是东部的大部分区域都遍布泥沼，像电影中龙潭虎穴那样，漂浮着迷雾，彼得想如果他生活在此，就必须加以改造，他应该建设一个大城市，像阿姆斯特丹那样的大海港城市。

有许多人持悲观态度，他们认为这地方离敌人太近，距首都又太远，到处都是烂泥，根本不适合设立城市。每当这时，彼得总是拿出阿姆斯特丹举例，他说完全可以把城市建造在木桩之上，让城市里遍布河道，变成一座水城。他要向大家证明他是对的，这座城市将会完全不同于莫斯科，彼得恨透了那些延续数百年的传统：宗教、宫廷、按部就班、迷信、斗争，甚至是干燥的气候。彼得迫切想要带领国家走出去，走向海洋，走向西欧，摒弃以往的一切，建立完全不同的新世界。

彼得向各个省下达指标，要求他们派送建造一个城市所需的各类工人，这是强制性的并且有硬性的标准和数量。当然各级政府也很容易完成彼得下达的任务，在那样一个时代，工人们就像奴隶一样，没有任何权利。彼得又向欧洲各国征召了许多外国工匠予以协助，他们被许诺有很好的待遇。同时为了满足建造城市所需的一切资源，包括食物、材料和大量的生活用品，彼得还邀请了很多商人在圣彼得堡和各地港口之间往来通商，这样既能使商人们获得利润，也能满足城市建造的需要。

沙皇还向贵族们下达命令，像当初建造军舰那样，根据他们财产和势力的大小，每个人都有义务到圣彼得堡建立自己的居所。那时莫斯科刚刚经历了一场大火灾，很多贵族的房屋被烧毁，彼得竟然下令严禁他们修缮房屋。

在经过简单的规划和丈量后，彼得把一部分土地分给他们建造宫殿和花园，还有一部分土地分给商人们建造商店和库房。但这一切都需他们自己承担费用，他们不仅要自行带来工人和奴隶，还要支付给外国工匠相应的报酬。他们又一次承受了委屈，贵族们在家乡拥有地产、洋房、花园，以及一切华丽的物件，但现在不得不举家搬迁到穷乡僻壤的沼泽里。就像现在人们住在建筑工地周围一样，哪怕房子如何漂亮，在周围的配套设施和经济没有得到相应的发展之前，无论从心理感受还是生活质量上来说都是极为不舒适的。但贵族们无可奈何，因为那是沙皇的命令。

后来大量的人搬迁到这里来，就连一些周围的小镇都住满了人，贵族们一个个灰头土脸，在那段日子里每天和工人们生活在一起。

在建设初期，整个城市没有一个明确的规划，或者说是混乱的。

彼得起初把市中心设在涅瓦河右岸的一座小岛上，但后来发现这座小岛地势太过低洼，极易被海水淹没，于是他又不得不将市中心重新规划到左岸。后来他又改变了几次主意，最终才建立了之前提到的彼得的住所。在不远的地方建起了三个教堂，还有商会。

一些工人们有段时间也没有住的地方，他们就这样躺在沼泽上，每晚看着星星入睡，他们在资源短缺的情况下，甚至用自己的衣服做装土的麻袋，这些日子里他们都过着比在莫斯科还要艰苦的生活，但这些都是小事情。

各省接到的指标是每年至少要提供4万个劳动力，据说那一个夏天就有30万人聚集在这片沼泽上。在如此恶劣的环境下没日没夜地干活，却连一顿饱饭都吃不上，工人们的体质极度虚弱，再加上建城之初，医疗、生活等各方面物资的匮乏，很多人都因为得了伤寒、痢疾，从而引发其他疾病，不治而亡。据说，圣彼得堡每年要死10万人，这个数字超过任何一场战役的伤亡。像中国的万里长城一样，圣彼得堡是由工人们的尸体堆积起来的城市。造成这样惨状的唯一原因，显而易见，那就是彼得为达目的不择手段的残暴性格。

在工人们身体状况每况愈下的时候，彼得依然每天拿着指挥棒去工地呵斥他们，一旦行为稍有懒散，便会现场施以鞭刑；对于一些擅离岗位的工人，抓回来立刻割掉鼻子，这无疑宣告了他们的死亡，因为在那样潮湿恶劣的环境下，大面积伤口带来的感染和溃烂是无法医治的。他们就这样一个一个被扔到"万人坑"里，彼得对贵族们大声宣告："建设和战争是一样的！我们都需要生命的付出！赢得一场战争需要牺牲士兵，那么建设一座城市就必须牺牲工人！"

那些外国工匠的待遇好不到哪去，当他们来到圣彼得堡时，被这一番惨象吓住了。他们吃不好，被许诺的优厚待遇无法得到兑现，甚至只能不定期地拿到微薄的工资。同时面对这些早已奄奄一息的工人和大批由农民和刑事犯充任的劳动力，工匠们的想法无法得到实现，有时，他们只能指导工人们做一些基础性的建筑工作。

于是，大批外国工匠一有机会便逃回国。

我们看到，实际上这都是彼得为自身性格所付出的代价，如果他能提前做好充足准备，建造好粮仓，备好医疗物资和一些后勤保障，那么整个建设过程或许是愉快的，效率也会高得多。如果那时列福尔特还在世的话，也许会有更加光鲜的建筑史来替代这个城市建造的血泪史。

终于，圣彼得堡显露雏形了。贵族们在此居住上了意大利式的洋房，涅瓦河一带建起了好几栋漂亮的石头房子，城市分布着十几所教堂和修道院，他们有了游乐场、码头、市场、参议院等一个城市所具备的所有建筑。据说当时每年圣彼得堡会新建立起三万座房屋。如此快的建设速度在历史上是空前的。

后来彼得为自己修建了宫殿——夏宫。这不同于古老的俄式建筑，它的一切灵感都来源于凡尔赛宫。一个大型的兵工厂就建在宫门外，那些强大的火炮都在以最快的速度紧锣密鼓地建造着。涅瓦河上游的两岸居住着普通百姓，被命名为"莫斯科村"。

彼得规定：以家庭为单位，必须拥有自己的船只，水手们必须按时去听有关航海知识的讲座，并必须统一着装以便于明确水手的身份。那时，五颜六色的帆船行驶在涅瓦河上，包括彼得和贵族们在内，大家仿佛掀起了一场竞技，人们都愿意开着自己家的船在河上游荡，有钱人还专门邀请乐队到船上来为自己演奏助兴。每逢冬季，河面结冰，彼得便亲自作为开道者，驾驶着由白马拉拽的雪橇，从河上飞奔而过，这就宣告着：冬季来临，大家可以步行踩冰过河了。

与这一番美景相对的是，每逢雨季，城市便会受到暴风雨和洪水的袭击。现在看来，应该都是彼得朴素的城市规划所导致的。据说，每次雨季时，所有居民都要带上些必备物资跑到建筑楼顶躲避水灾，后来有几年水灾较为严重，连彼得的兵工厂也被冲垮了，很多家畜被淹死，船只被浪打翻，风雨过后整个城市一片狼藉。

就在彼得忙于建造圣彼得堡的时候，查理十二世正在波兰激战，他收到报告，知道彼得正在涅瓦河建造城市，他不屑地说："随他高兴，但总有一天我会夺走它，如果喜欢的话我就把它变成我的城，如果不喜欢，索性就烧掉它。"

彼得并没忘记初衷，因为圣彼得堡最初本来就是一座要塞啊！

彼得在周边加固了堡垒，装备更多大炮加强了火力，整个城市固若金汤。后来查理十二世有些不安，他终于反应过来，如果再放任彼得不管，那么圣彼得堡就是个不小的麻烦了。他下令所有船只集合，向圣彼得堡进军。但为时已晚，瑞典人没有吃到丝毫的甜头，他们发现有前面众多的岛屿挡着，根本无法接近城市。后来他们狼狈地逃回了瑞典，有些瑞典军人不幸被俘获，在之后的城市建设中一直被迫充当苦力。

在圣彼得堡建成的几年之后，彼得开始重视文化的发展，在那设立文艺、科研、教育等机构，由于它打通了连接欧洲的水陆，这让俄罗斯再也不是一个纯内陆国家，这里成了俄罗斯通往整个西欧的大门。这座城市是彼得的梦，是彼得丰功伟绩的见证，在1712年，彼得将首都迁至于此。后来这座城市声名远扬，其辉煌程度远远超过莫斯科。1725年，彼得长眠于此。

第六章　逆转

1. 叛徒

大北方战争持续了很多年，自从彼得将所有重心放到圣彼得堡上以后，瑞典人的日子就不是那么好过了。查理十二世曾经多次进攻圣彼得堡，但都没有成功。与此同时，这座城市飞速发展，彼得的兵工厂和造船厂不分昼夜地为他装备着各类新式战船和火炮，很快，俄海军控制了附近整片海域，一直游走在周围的瑞典海军只能一再后退，有几次甚至被进犯的俄军逼近了自己的领海。

查理十二世一天也不能忍受这样的屈辱了，尤其是在他所向披靡征服波兰以后。于是他决定略过圣彼得堡，直接攻下莫斯科。1708年，他率领大部队佯装要渡过第涅伯河，为了阻止敌人进一步接近当时的首都莫斯科，彼得在第一时间聚集所有部队进行防御部署，但这次彼得被奸诈的查理十二世骗了，瑞军的主力部队在上游地区已经秘密渡河，这样，彼得不得不退守莫斯科，否则他将腹背受敌。

彼得感到了情况的危急，这是一种前所未有的恐惧，因为只要查理十二世决心进攻，他的首都，他的皇宫，他的一切或许都将不复存在。而奥古斯特又被赶下了台，在整个大北方战役里，他失去了最后的盟友，已经孤立无援。于是他派人去瑞典阵营谈判，问查理十二世是否愿意讲和。查理十二世向来高傲，况且此时自己处于优势地位，怎能轻易放过彼得的软肋。他认为彼得已经走投无路，在这时谈判只会让自己受到损失，但他还是提出，如果彼得愿意放弃现有的波罗的海沿岸，涅尔瓦河流域的一切，包括新城圣彼得堡，那么他愿意考虑撤军。否则，他只能跟他的兄弟在莫斯科城里谈判了。彼得无法接受这样的条件，尽管因为瑞军士兵各方面都远胜于俄军士兵，他们一直不敢和瑞军正面交锋，但在此种境地下，彼得只能决定和查理十二世决一死战。

当时由于战线过长，士兵众多，瑞典军队作战时常常单独设立补给纵队，为军队提供一切后勤援助。而俄军惯用的手法是，但凡他们路过的地方，能拿的拿走，不能拿的一律烧光，清除得寸草不剩，以免留给敌人任何可以利用的资源。

俄罗斯的夏季潮湿阴冷，路面环境恶劣。在瑞典军人十分依赖补给的情况下，补给却不能以最快的速度送到，所以在即将开战的关头，查理十二世突然决定，退守南方乌克兰地区补充给养。促使他做出这一决定还有一个重要的原因——哥萨克人首领马泽帕和他的阴谋。

马泽帕带领哥萨克人进入俄罗斯，多年来，哥萨克军队作为沙俄的一支重要的武装力量存在着，他们与彼得是合作的关系。自从大北方战争爆发以来，哥萨克人一直被派往西部参战，他们之中大多数的人结局都是十分悲惨的。纳尔瓦战役后，彼得加大了军事改革的力度，他必须要训练出足可以和瑞典人匹敌的士兵，所以推行了一系列可促进改革的强硬政策，包括对哥萨克人的管理。

彼得把乌克兰看作是俄罗斯的一部分，而不是一个独立的国家。他从不征求任何意见，甚至毫无征兆地对乌克兰下达命令，丝毫不考虑该国的国情和民众的感情，这造成了哥萨克人的强烈不满，他们觉得自己丧失了本该拥有的权利，从此以后要像普通俄国老百姓一样被彼得摆布了。

彼得在做任何决定的时候，从来都把人的生命视作最微小的代价，还不及他一艘帆船。装备落后、实力较弱的哥萨克人根本无法和瑞典军人对抗，他们几乎以被屠杀的方式死在战场上，最多的时候，战斗减员高达70%以上，尽管如此，彼得还是不停地将他们派上前线送死，将他们当成炮灰和挡箭牌。一种屈辱的情绪在哥萨克军人中间蔓延开来，他们怨声载道，无意参战，士气低落，甚至出现了叛逃的迹象。整个乌克兰国民也在为自己国家的军人受到非人的待遇而愤愤不平，但他们同样是敢怒不敢言。

在乌克兰境内到处都是俄国军人、大炮，以及一系列行军装备，他们的补给也是由乌克兰供应，这样毫无来由的剥削让老百姓不堪重负。不仅如此，他们还要时刻面对着俄国人的侮辱，他们一部分农民被抓到圣彼得堡做劳工，还有些人干脆就成了贵族们的奴隶。

但彼得对马泽帕还是信任的，尽管哥萨克人战斗能力弱，但由于人数众多，加上擅长领兵的马泽帕作为领袖，他们在彼得心里一直都占有重要的位置。彼得给了马泽帕很多荣誉，作为一个外族，他甚至获得了高于沙俄贵族的地位。但有一点彼得从不妥协，那就是决不让哥萨克人独立。在大北方战争期间，缅希科夫被任命为战时最高军队指挥。而马泽帕和他的哥萨克军队则要听命于他，向来直接受沙皇领导的马泽帕如今要听从一个公爵，这无疑意味着他的地位瞬间被降格为一个普通将领而不是一个部族的首领，当时在军中还有谣言，说彼得要逐渐排除在军中担任要职的外国人，用本国贵族取代他们的位置，这一切都让马泽帕对彼得的忠诚发生了动摇，成了他叛变的根本原因，而导火索是这样的：

那时马泽帕因为一些针对哥萨克军队改革的问题和彼得产生了不同意见，马泽帕作为哥萨克首领自然要一直为自己人争取利益。我们都知道彼得的脾气，他无法忍受任何人的反驳，也从不听取任何相反的建议。于是彼得又表现出了他那一套狂暴姿态，他大骂马泽帕是叛徒，说要将他活活打死，或许彼得还加入了一些侮辱哥萨克人的词语，只是对于他手下的得力干将，彼得也就是说一些气话发泄脾气罢了。但这件事彻底激怒了马泽帕，他决心离开彼得，离开俄罗斯。

正巧赶上查理十二世剑指莫斯科，离乌克兰越来越近，于是马泽帕想方设法和他建立了联系。马泽帕极为谨慎，只有他身边少数的几个亲信才知道他的计划，沙皇完全蒙在鼓里，这也是必然的，如果想背叛彼得，那么保密工作是首先要做好的事。尽管这样，马泽帕还是被自己人出卖了，这个人是他的助手，马泽帕与他的女儿通奸，这让他产生了二心。但可笑的是，彼得太信任马泽帕了，以至于这个人跑去向彼得告密时彼得竟认为这纯属是诬陷，同时将他交由马泽帕处理，后来他被马泽帕处死。

尽管有惊无险，但马泽帕更加谨慎了，甚至在叛逃之前并没有做任何的准备，以至于许多哥萨克士兵都是在叛逃途中知道的事情真相。

经过了和马泽帕的密谋，瑞典国王南下进入了乌克兰地区，彼得在怒火下也率军进入乌克兰，同时召见马泽帕商议如何应战瑞军。但马泽帕假装拖延时间，另一方面催促查理十二世尽快抵达哥萨克军临近的杰纳斯河，假装攻击哥萨克军，等到俄军援军一到，他可以瞬间渡河，投诚瑞典，然后和彼得翻脸。

当他率军渡河的时候，大多数哥萨克人都以为自己又被当成了炮灰去面对瑞典人的枪口，可当过了河马泽帕向他们叙说实情后，这伙人却产生了分歧。一部分人支持马泽帕，他们受够了沙皇，他们迫切希望自己做主；而另一部分人却坚决拥护沙皇，他们认为如此背信弃义有失一个军人的尊严，他们立誓要将叛徒捉住献给沙皇。为了避免内部的流血事件发生，马泽帕带领支持自己的人迅速投入到瑞典阵营中，而其他人又重新渡河回去，向俄军部队报告。

可以想见彼得知道了马泽帕背叛他的消息以后那种盛怒的残暴。为了报复马泽帕和泄愤，他命缅希科夫闯进巴图林城里进行大规模的屠杀，当时城里6000多人，无一幸免。

沙俄军营中很快就宣判了马泽帕的罪行，但是却无法执行判决，因为他本人正安然无恙地待在瑞典军营中。于是他们雕刻了一个马泽帕的雕像来代替他接受行刑，甚至给它穿上了马泽帕的衣服。刽子手最终将绞索套在了"马泽帕"的脖子上，将他吊在那里。仪式完成后，他们推举了新任首领接替了马泽帕的位置。

尽管马泽帕在后方大力宣扬独立反对沙皇统治等言论，但并未在群众之间起到什么效果。首先马泽帕在此次行动中异常谨慎，对外严格保密。以至于他真正的想法并没有得到多数人的理解，相反他们对马泽帕的叛乱行为引起沙皇的屠杀这件事耿耿于怀，他们抱怨马泽帕不应该如此莽撞导致自己同胞遇害，同时彼得的这场大屠杀威胁到了大多数哥萨克人，他们觉得面对如此残暴的手段，还是顺从比较好。就这样马泽帕的叛乱行为不了了之，而马泽帕的继位者继续率领哥萨克人为沙俄服务着，后来他们大败瑞典，马泽帕悲伤地客死他乡。

2. 波尔塔瓦会战

查理十二世在对俄战场上的形势也并不乐观。俄军惯用的作战手法是采用坚壁清野的政策，无论多么狼狈撤退，他们一定不会给敌人留下一丝一毫可以利用的资源，甚至想方设法破坏掉一切，给敌人造成障碍。瑞典人深受其害，在本来就贫瘠的土地上再被以这种方式对待，查理十二世的士兵早已筋疲力尽，据说俄军还炸掉了所有能够渡河的桥梁，瑞军为了渡河，甚至需要重新开辟新路，这导致他们经常误入歧途，进入一些泥泞的沼泽，每当这时，他们就砍下附近的所有树枝扎成捆铺在地上，这样才能小心翼翼地勉强通过。

由于饥饿，天气恶劣，疾病开始在瑞军中蔓延。当大军还未南下时，查理十二世的补给队终于与大部队会合，然而这让一直望眼欲穿的瑞典士兵们彻底泄了气。他们本以为会有一万多名军人押送着七千多辆粮草车，还有大批的弹药。可来到他们面前的是几千名丢盔卸甲的残兵败将。他们在押送途中频繁遭到俄军游击队的骚扰，由于队伍庞大行动不便，加上对地形不熟悉，他们屡屡战败，以至于后来不得不丢掉了一切。

恰在此时马泽帕出现了，瑞军可以在乌克兰补充给养的同时将彼得吸引至南方，马泽帕便可以里应外合，打彼得个出其不意。

但马泽帕和查理十二世都失算了，乌克兰那原本富饶的土地也被俄军全部破坏，瑞军南下漫长疲惫的行军并没有得到一点补给，而由于马泽帕的准备不周导致他只带来了两千多哥萨克军，他原本许诺的四万人并没有实现，其他人都重新投奔沙皇了。

冬季的乌克兰并没有比莫斯科温暖多少，尤其在那个年代，高纬度地区的冬季几乎是人无法承受的，据记载，那时许多乌鸦都被冻死在树上了。饥饿疲惫、孤立无援的瑞典军越发陷入绝境，减员越来越多，他们的马匹也相继倒下，因为衰弱被甩在队伍后边的士兵经常遭到支持彼得的当地哥萨克军的暗算，他们像一块硕大的腐肉，一点一点被秃鹫蚕食掉。就算是高傲的查理十二世也显得有些垂头丧气，但这并没有影响到他战斗的决心。

他们行进至波尔塔瓦城，这里在当时是一个重要的军事基地，城里储存了大量的弹药和粮草，查理十二世决心孤注一掷拿下此城，这样他所有的危机都迎刃而解了。1709年4月，他们抵达波尔塔瓦城外，当时城里仅有六千人防守，瑞军从各个方向将该城合围。

在那附近的最大一支俄军队伍便是缅希科夫率领的，他们刚刚结束了对巴图林城的烧杀抢掠，火速赶往波尔塔瓦前来支援。缅希科夫一面骚扰着瑞军打乱他们的围攻和部署，另一方面找机会派特遣队偷偷进入城里予以支援。这样瑞军就十分被动了，他们一边要想方设法找机会攻进城里，一边还要提防着缅希科夫搞破坏。就在双方对峙的同时，彼得也正率领大部队赶往波尔塔瓦城。

马泽帕和一些瑞典将领们逐渐失去信心，他们不断劝说查理十二世撤军保存实力，但这个高傲的国王始终记得他无数次以寡敌众，好像胜利对他来说轻而易举，他说："就算是天使降临劝说我撤军我也不会听从的，因为上帝总是让我胜利。"

有一天缅希科夫终于将一小股支援纵队送进了波尔塔瓦城里，一直保持冷静的查理十二世再也坐不住了。他决定亲自外出侦察，这次草率的行动让他付出了代价，他在骑马时不幸被俄军狙击手打中右脚，当时还可以勉强支撑在马背上进行侦察，一回到军中便倒地昏迷不醒，但他的意志却十分坚强，后来在手术中他勉强睁开眼鼓励他的士兵说："这点小伤算不了什么，胜利终将属于我们。"

这次受伤不仅仅给他以身体上的打击，在他的心里，恐惧和不安交织着，他忍受着剧痛勉强在担架上指挥着部队，这让他身心俱疲。而就在此时，他得到情报：彼得大军将至，他发现很快瑞军就会被包围，他耗费了太多兵力在这上面，如果现在撤退他只能从后方渡河了，但渡河的过程是艰难的，如果这时被俄军反扑，他的军队可能连当战俘的机会都没有。后来，他反复权衡了利弊，决定发起最后的攻击，在凌晨时分全力突进波尔塔瓦城。

他向他的元帅宣布这一命令时，周围大多数人都感到十分吃惊，他们本以为在这种境况下，只有撤退才是最好的选择，大元帅甚至提早就做了一些撤退前的准备，他没想到面对如此劣势，他们的国王竟然要采取强攻。但没有办法，他只能服从。

而彼得从前几次吃亏中吸取了教训，他一直在犹豫是否要与瑞军正面对抗，因为在正常情况下，俄军的战斗力是不敌瑞军的，但当他得知查理十二世只能躺在担架上的时候，他立即兴奋了起来，他觉得这是天赐良机，到目前为止所有的情况都表示俄军的优势远远大于瑞军，他没有任何理由战败，几乎可以预见到自己面对臣服的查理十二世时的情形，此时他竟有些为这优秀的军事将领感到惋惜。

彼得秉承了以往的做事风格，他没有亲自指挥俄军战斗。在军事方面彼得从少年时期就组织玩伴进行军事演练，在那时他就以自己亲自参加战斗为乐趣，他喜欢从最低级的士兵做起，通过获得战功逐步晋升，以此来了解所有兵种的作战特性和组织军事行动中的所有环节，这能让他得到极大的满足感。此时此刻他已经晋升到少将的军衔，虽然在事实上，他是军队的最高领导，所有的军事命令都是由他下达的，但在战场上，他却愿意服从自己委派的指挥官，严格遵守军事命令。大战在即，尽管他巡视了军队，给予所有参战士兵极大的鼓励，并许诺要嘉奖他们。但在这之后他依然任命谢列米杰夫将军为军队最高统帅，并回到军队中等待任务的下达。

查理十二世昏昏沉沉地睡到了凌晨，他命手下用担架将他抬往前线，鼓励他的士兵要时刻记住他们是可以以几千人战胜几万俄军的战士。然后，战争开始了。

这场战争在双方心里都被当成了最终的决战来看待，激烈程度可想而知。战局不断变化，双方在周旋中时而胜券在握，时而前线告急。查理十二世命人抬着他在前线跑来跑去，在战争最激烈的时候，他坚持要骑上战马参与战斗，但因为伤痛加剧，他又不得不再次回到担架上。后来一颗炮弹将他的担架彻底掀翻，瑞军看到自己的国王滚落在血肉模糊的战地上，都以为他已阵亡，于是军心大乱四处逃窜。

查理十二世并没有因这枚炮弹受伤，他勉强支撑站起，声嘶力竭地喊叫，试图重新部署军队。但他被军官们强行带走了，军官们在战火中极力劝说查理十二世撤离战场，为防止满盘皆输必须尽快渡河逃命，以目前的状况，他必须竭尽全力逃亡土耳其以保证瑞典王室的延续，然后再从长计议，现在已经不适合在战场上运筹帷幄了，因为战局已越发明晰。查理十二世就这样在挣扎和诅咒中被抬走了。

另一方，彼得愈战愈勇，他不断地游走于俄军的各个战斗位置，时而亲自将炮弹上膛，时而手持战刀冲向到处逃窜的瑞典士兵，他见到流血后兴奋异常，暴露了他杀戮的本性。这也带动了俄军的气势：国王如此冲锋陷阵，他们又有什么理由不把自己的生命置之度外呢？彼得面对危险竟然毫无顾忌，他的帽子被子弹穿过，只要再向下一厘米，彼得一世的统治就会结束了；一颗子弹正中他的胸口，但子弹却神奇地镶嵌在他的十字架中，仿佛点缀了一颗华丽的宝石；他的马鞍正面也被子弹穿透了一个窟窿，作为一个男人，这是不幸中的万幸了。尽管如此，他还展露出君子的风度。他下令仔细搜寻查理十二世的尸体，一旦找到要严格保护，严禁任何人玷污他，彼得要为他举办一个庄重的葬礼以表尊敬。

当然，尽管杀红眼的俄军在屠杀这些瑞典士兵的同时十分仔细地搜索，但他们必然找不到瑞典国王的尸体。他已被手下的几个将领和一小撮突围的士兵全速带出俄国逃亡土耳其了。此时的查理十二世除了忧伤，更多的是懊恼。因为在此之前，彼得曾多次向他传达了休战讲和的愿望，而且会以十分优厚的条件来换取和平。但他并没有理睬，他是多么的后悔。

查理十二世尝试着派人重新去俄军阵营表示愿意接受停战的条件，因为他还有一部分兵力并未陷入波尔塔瓦的困境，而且他还天真地相信参加会战的大部分士兵一定会突围成功与自己会合，加上自己身边的一些已经成功突围的队伍，他完全有能力重新威胁到莫斯科。但显而易见，今时不同往日。彼得回应："现在和谈为时已晚，查理必须为贸然进犯俄国领土付出沉重的代价，而此时查理已经逃亡，就更没有和谈的必要了。伟大的沙皇已经胜券在握！"

在和谈无望的情况下，查理十二世再无挣扎的可能，只能妥协。军官们想尽办法为他准备了一驾马车来代替担架，这是唯一一个在战火中幸存下来的看上去还不错的交通工具了，他们全速逃往俄国边界。

更多突围成功的残兵败将终于在边界和国王会合，稍事休整后，他们重新形成了一个"队伍"。他们护卫着国王狼狈地行军，作为一个国家的皇家军队，这种境地再屈辱不过了。就像他们当初忍受饥饿和严寒向波尔塔瓦行军时一样，他们选择偏僻崎岖的道路行走，以免被乘胜追击的俄军追踪到，但因为长期的疲惫加上一场恶战后的消耗，总有在路上掉队的，而这些人无疑就成了追击者的刀下鬼。即使行进在最前方的人，他们的境遇也没比后面的好到哪去，瑞军已经弹尽粮绝，每走一步都在耗费着脆弱的生命力，他们每呼一口气都有可能是最后一次的呼吸。

当他们快要抵达土耳其边境的时候，瑞典国王向土耳其国王派去信使，他向土耳其国王表达了敬意，并提出进入土耳其境内，经此绕路返回瑞典的请求。这场瑞俄大战全世界都在关注着，因为这是在漫长的斗争后能够决定两大帝国命运的一战，这一战在一定程度上会影响整个欧洲的格局。土耳其向来与俄罗斯相互敌视，因为双方一直存在着共同争议——克里米亚地区。尽管在大北方战争开始前，沙俄已与土耳其签订停战协议，但那仅仅是暂时的缓兵之计，合乎当时双方的利益，但现在这种情况却另当别论了。如果土耳其纵容了俄罗斯，那么就意味着彼得在胜利过后的唯一敌人就是土耳其，现在的俄军已不同往日：他们拥有了强大的舰队；建立了既繁华又固若金汤的圣彼得堡；他们的士兵愈战愈勇；他们的地位让整个欧洲都不容小视。

不出所料，查理十二世获得了土耳其积极的回应，他们被承诺不仅获得允许进入土耳其境内，而且要在他们渡过边界河的时候给予必要的协助，这真是雪中送炭。

沙皇的军队一直跟在瑞军屁股后面穷追不舍，他们此番的任务就是不惜一切代价，将查理十二世带到彼得面前。沙皇在军营中跟瑞典的俘虏们打趣道："我的兄弟不是想要跟我在莫斯科对话么？我本人也十分想要见到他，我已经派人去接他了，几天以后他会和你们坐在一起。"

土耳其积极地帮助瑞军准备船只过河，甚至在河边召集人马，以便有效地掩护这群逃亡的瑞典人。查理十二世和他的几个军官最先乘船过了河，而他们的大多数人马还在俄方境内的岸边等待着护卫队返回来接应，因为船只有限，进展缓慢。就在这时，沙俄的军队抵达了岸边，这次他们听从沙皇的指示没有见人就杀，只是威胁着这些人把他们作为俘虏全部带走。尽管查理十二世已经安全，但他屈辱地在对岸眼巴巴地望着自己的人马被缴械，心里承受着巨大的煎熬。

他被送到了一个土耳其大城市并被精心照料，几周以后，他的伤势痊愈了。

在彼得的俘虏中，有一名元帅，几名少将，几千名军官，还有一些例如首相、议员等高级官员。一些瑞典的随从人员包括医生、厨师、仆人等被按照需要分配在俄国各地，以便他们可以在各个职位发挥自己应有的作用，他们被允许永久居留在俄国，享有俄国百姓的权利。

一次，彼得宴请所有瑞军被俘军官，他走到这些人面前，举起杯说："为了你们的健康干杯，感谢你们教我如何战胜你们自己。"一名军官讽刺道："你如此对待我们，我丝毫看不出你的感谢之意。"彼得很赏识他的胆识，随即下令把收缴的武器都还给了他们，并亲自赠送佩剑给这位军官以表敬意。或许你会感到意外，为何这次彼得没有对胆敢顶撞他的人痛下毒手，这正是彼得性格中难以捉摸的地方，在他心情好的时候，他是一个开明大度的君王，或许是因为他沉浸在此次战果的喜悦中，或许是因为他喝多了忘乎所以，总之，这次他表现出了一个开明君王的风度。

但在通过外交途径交换战俘之前，他们的身份依然是囚犯。他们被分别安排在相同军阶的俄国军官家中，每人都被拨以适当的生活津贴，同时他们被监管着，每一个俄军军官都对他的监管对象负有连带责任，战俘们被给以最大程度上的自由，这就是彼得给他的"战争老师"们最好的待遇，他们好像来俄国访问一样，而并不像是战争俘虏。

后来沙皇高调举办了庆功会，在返回莫斯科的路上，彼得向他的"战争老师"们"请教"了瑞典人的练兵方法。瑞军的步兵和骑兵们分别在他的面前进行了军事操练，彼得很高兴并大加称赞。

进入莫斯科城后，伴随着军乐，全体俄军将士缓慢前行。他们庄严而骄傲，人群中不时响起"伟大的沙皇"之类的口号，人们欢呼着，一些兴奋过头的人晕厥过去。贵族们聚集在皇宫门口迎接部队的凯旋，大家纷纷手持酒杯以表敬意。战俘队伍和缴获的炮队、马队，跟随在大队的最后，这其中还包括查理十二世被炸烂的担架遗骸。尽管战俘们脸上没有光彩，但并没有人对他们施加侮辱。

为了迎接凯旋，在队伍的必经之路上架起了7座凯旋门，有一座门上还雕刻着彼得大帝制服查理十二世的雕塑。身穿罗马式服装的儿童们向沙皇献上了象征荣耀的月桂树。

后来，莫斯科又举办了多场庆祝宴会。每一次祝酒都伴随着一次齐鸣的礼炮，人们沉浸在一片喜悦的气氛中，相互称赞，大吃大喝，然后欣赏礼花。这次庆祝活动比沙皇访问西欧时经历的任何一次都要盛大，这番辉煌的场景是空前的，这标志着一个新时期的开始。

后来彼得趁着查理十二世疲于奔命的时候，重新派兵侵入波兰，把皇位夺回来还给了奥古斯特。

波尔塔瓦战役是整个大北方战争最重要的转折点，在此之前瑞典凭借其欧洲最强大的军队长期控制波罗的海沿岸和欧洲众多国家，在纳尔瓦战役大败俄罗斯后，曾一度威望大涨，称霸欧洲。但查理十二世这一次的军事行动却犯下难以挽回的错误，一方面是因为他被长久以来轻而易举的胜利冲昏了头脑，犯了军事大忌；另一方面，他没有客观地看待日进千里的沙俄军队。相反，彼得这次部署周密，谨慎果断地发布军事指令，加上多年来积极推进军事改革，总结失败经验，这让他从容地打败了瑞典。

自此以后，俄国一跃成为欧洲军事强国，稳固了波罗的海的海上霸主地位。在返回莫斯科最初的几个月中，各国的特使纷纷前来表示祝贺。包括过去在纳尔瓦战役中支持瑞典的英国和荷兰，英国女王甚至称沙皇为"彼得大帝"。

3. 强国外交

战后，彼得一边巩固自己所占领地区的统治，一边加强新首都——圣彼得堡的建设，同时他没有忘记长期在土耳其避难的查理十二世，彼得将他视作自己的战俘，仿佛只有将他抓在手心儿里才意味着自己的荣耀。他派遣公使多次前往土耳其表示希望"盟友"可以交出瑞典国王，或者将其逮捕而不是给以殷勤的礼遇。他让公使送去一些金币和珍贵的动物皮毛，希望能够尽快得到回应。

查理十二世尽管全军覆没，但他毕竟是瑞典的国王，换句话说，彼得或许可以用一些财富换取战俘，但查理十二世却可以用整个国家的财富去换取自己的尊严和自由。查理十二世用自己的大笔财富不断向土耳其提供一些援助，以表明谢意，土耳其也对这位财大气粗的客人如此慷慨表示感激。

在这期间，查理十二世极力游说土耳其向沙皇开战，而他们也十分担心沙皇与日俱增的军事力量，于是他们开始暗中准备着随时对俄开战。

沙皇向土耳其下了最后通牒，土耳其人这回并没有妥协，他们提出了让沙皇无法接受的条件，其中包括：让奥古斯特再次让出波兰王位；将已占领瑞典领土归还瑞典；承认土耳其对黑海的控制权，绝不向内延伸。面对刚刚大获全胜的彼得大帝提出这样的要求绝对是痴心妄想，其实他们知道彼得绝不会同意的，在公使返回莫斯科送信的时候他们就已经开始召开国务议会商讨对俄开战的相关事宜了。

意料之中，信使带回了沙皇强硬的回复，于是他们当即将信使关了起来。正式向俄宣战。

彼得判断这将是一场旷日持久的战争，所以他将权力交给议会，让他们负责代管国家的日常事务。彼得宣布了对土宣战的决定，士兵们一个个士气高涨，他们相信——疲弱的土耳其一定比强大的瑞典好对付得多!

虽然俄军凭借波尔塔瓦战役获得很多"好友",但当他们听说彼得再一次陷入战争之后,多数都是冷眼旁观。这次彼得没有抱怨,没有咒骂,他信心满满。当时俄军已经抵达德涅斯特河岸,那里十分炎热干燥,一部分人认为应该沿河驻扎或者撤退至能够保证充足给养的地方,养精蓄锐,等候土耳其军队的到来,如果继续南下便会完全进入沙漠地区,一方面他们在沙漠作战的经验远远不及土耳其人;另一方面沙漠条件艰苦,并且无法保证供给。但大多数人都斗志昂扬,对这种保守的说法采取鄙视的态度,他们大呼民族万岁,声称:"为了基督的信徒,必须取胜!"

其实严峻的形势已经摆在他们眼前了,干燥炎热的气候让来自高寒地区的俄军们身体极为不适。他们总是会口渴,流鼻血,晕头转向。但彼得一心想着要消灭土耳其人的气焰,盘算着与其被这气候耗死还不如尽早结束战斗。于是他加快了行军的步伐,就这样他们继续向沙漠深处进军。

他们穿过层层沙丘,新式军服已经全被汗水浸透,就这样俄军行至普鲁特河边驻扎下来。但不知不觉中,就在他们得意忘形的时候,土耳其军队将他们包围了。这时的俄军因为气候不适引发疾病,造成了很严重的减员;同时土耳其军队的数量远远超过他们,在广阔无垠的沙漠中,他们无处藏身,已经成为靶子。后来土耳其人开始了炮击和围攻,俄军损失惨重。

沙皇此时已经彻彻底底地绝望,他没有任何办法,除非上帝来帮助他赶走多于他好几倍的敌人,他被团团围住已经没有退路,要么战死，要么被俘，除此之外没有其他选择。

就在彼得决定冒着九死一生的危险突围时，一个人冷静的决定改变了他的命运。这个人就是彼得的第二任妻子：叶卡捷琳娜。

叶卡捷琳娜贡献出了自己随身携带的全部昂贵珠宝，同时派在波尔塔瓦战役中担任军队主帅的谢列米杰夫到对方阵营谈判。

俄方表示，尽管被围，但他们还有强大的兵力进行反击，他们有足够的能力让眼前的这些人战死沙场。土耳其方面也了解到，俄军另外两大援军正全力前往布勒伊拉，如果执着于此，即使他们赢得这场战役，也绝不可能安然无恙地返回城里。这就像棋局中两子之间的相互制衡一样，要么彼此退让，要么同归于尽。

向来比较务实的土耳其首相，权衡了利弊，竟然同意接受了叶卡捷琳娜的礼物，并答应和谈。后来双方签署停战文件：俄方将亚速归还土耳其；俄方不再插手波兰事务；查理十二世可自由回到自己的王国，俄方不再过问。在此绝境下，彼得很痛快地签署了文件，事实上，这些在他心中远远没有他的命和尊严重要，况且这也不算是太过苛刻的协议。

查理十二世听到这个消息后很生气，但土耳其首相认为自己已经兑现了承诺给查理十二世与俄军开战的诺言，至于如何结束这场战争就是另外一回事了。

欧洲方面，得知彼得又一次战败后，他们对彼得的"友情"似乎又不那么牢靠了。荷兰和英国鼓励各国制衡俄罗斯，以保证他们的贸易利益以及世界地位，他们希望俄国永远都不要独占一片海域，不论是黑海还是波罗的海，总要有人来制衡他，否则俄国就会直接利用自己的船只来进行海上贸易，而不是通过荷兰和英国的船只作为媒介来沟通其他国家了。

彼得发现其他各国都在虎视眈眈持观望态度，很多国家都可能瞬间变成他的敌人，这让他大为不安。他决定独自行动，加重自己的筹码。

1713年他将自己庞大的波罗的海舰队开赴芬兰，占领了赫尔辛基、亚波等地区。彼得认为，占领芬兰，就能直接制衡瑞典。当时，无论是瑞典军人的口粮还是瑞典海军造船所用的木材，都是由芬兰提供的。所以不管是作为要挟还是作为交换条件，占领芬兰能直接扼住瑞典的命脉，这比在波罗的海上间或开一炮要来得更直接。

次年，彼得亲任指挥官在汉科的甘古特会战中战胜了瑞典舰队，在这场战役里他俘获了10艘瑞典军舰。这一仗再一次证明了沙俄的强大，西欧各国重新对彼得刮目相看，与土耳其那次狼狈的战败早已被人们遗忘。英雄不问出处，自古以来，人们只会看到辉煌的一面，有几个人会真正关心曾有怎样的过去呢？

后来彼得决定对瑞典舰队展开最后的决战，他将他的盟友——英国和丹麦召集在一起，三个国家的联合舰队就这样聚集在哥本哈根了。之前说过，其实英国是迫于沙俄的淫威才与其结盟的，他本身并不希望俄罗斯独霸波罗的海，这个独立于欧洲大陆之外的小岛国希望全欧洲的势力都达成一种均衡的状态，所以这次出战，英国并不是很情愿；而丹麦则表现得更加勉强，还记得纳尔瓦战役时丹麦因为惧怕率先退出战争吧？丹麦王室似乎从来就不信任彼得，他们甚至担心停在城外的沙俄舰队会不会突然将大炮对准自己，他们一面在为沙皇举办庆典，另一面却在暗中加固海上工事。

这种貌合神离的结盟怎么可能有好结果呢？民间谣言四起，有的说英国人要胁迫彼得带领舰队回国，保持波罗的海地区的平衡；还有的说彼得要就地消灭丹麦等等。后来他们终于撕破脸了，所谓反瑞同盟根本就没有建立在共同利益的基础上，仅仅是有共同目的那是没有用的。后来三国决定将对瑞行动搁置到明年，不欢而散。

彼得转道来到荷兰阿姆斯特丹。在这里彼得会见多国公使，后来他和瑞典的代表进行了秘密会面。瑞典人提出了一条使彼得一度产生动摇的和解协议：俄瑞停止对抗，瑞典让出其控制的波罗的海及其沿岸所有区域；由俄国帮助瑞典占领挪威（属丹麦）；同时推翻英国乔治一世，扶持雅克三世。

但这仅仅是瑞典人瓦解反瑞同盟的阴谋，正在彼得对此协议产生兴趣的时候，这件事已经传到英国和丹麦人的耳朵里，他们感到大为震惊和愤怒。

彼得就这样失去了盟友的信任，或许本来就不信任，而现在则产生了抵触。无奈之下，彼得决定到访法国寻求结盟的可能性。

在过去，彼得曾经表达过想要和法国接触的愿望，但那时俄罗斯的国际地位远不及现在，加上那会儿法国与土耳其结盟，而彼得一心想着向黑海扩张，所以那时的路易十四婉转地回避和彼得见面。现在，路易十五刚刚登基，这是重新梳理与法国外交的绝好机会。但法国也有自己的为难之处。

法国在很早就与欧洲强国瑞典结盟了，尽管是一纸协议，但目前

彼得一世传

这张协议还在有效期内；法国教会更支持政府与英国结盟，他们不断写信以责备的口吻劝说当时的摄政王要回避与俄罗斯的接触。

但由于谁也不想在彼得的一番热忱之下得罪他，摄政王一咬牙还是答应了彼得的来访请求。

彼得就这样再次以游历的方式，边走边玩儿来到了法国。前来迎接的是路易十五身边的一名侍从，来访人数与彼得开始告知他们的严重不符，他不知道该怎么办了，因为他手里用于负责接待沙俄一行人的经费是有严格限制的，比原来预算多出几倍的人他怎么可能应付得了。

于是他只能极度羞愧地向彼得一行人提出，他们每天的生活费是150法郎，这让俄方大为不满。在他们看来，只要对经费有所限制就是辱没了伟大的沙俄帝王的威严。这个侍从差点被吓破了胆，赶紧写信如实禀报，后来凡尔赛同意增加大笔款项来满足这位"贵客"的所有要求。

事实上，无论这一行人去哪都被当成异类看待，不管是法国、英国、丹麦、奥地利，这些西欧强国崇尚优雅，文明礼仪在他们皇室的规则中占有很重的分量。而沙皇让他们看到的是：大量喝酒、暴饮暴食、举止粗俗、吃住随性、易怒。而在他们随行人员身上，这样的脾性也有所体现。接待他们的侍从禀报说，看到他们的马夫脾气竟然没比沙皇本人要好多少。他们对这些野蛮的"贵客"向来敬而远之，像送瘟神一样，只期待他们能够早日回国。

彼得不喜欢法国的交通工具，他拒绝使用豪华的四轮马车，要求对方提供5辆双轮双座的马车。法国人没见过哪位到访贵客提出过这样的要求，于是他们费尽周折找到了这样的车。但彼得又变卦了，他说随便什么车，只要速度够快。就这样，他让接待者们苦不堪言，谁也没见过如此粗鲁没有诚信的一国之君。

到了加来，他又忘记了赶路这回事，开始参观码头和防御工事。接待随从一心引导着彼得想要他尽快启程，好让自己尽早交差，扔掉这个烫手的山芋。这时彼得又在交通工具的问题上挑三拣四，他拒绝上路。后来彼得别出心裁，提出了一种他心仪的行路方式：让几匹马抬着一辆废旧的马车。人们一再向他解释说这样非常不安全，马匹也许会有受到惊吓的可能，而且这样赶路的话会比步行还慢。但彼得执意要这样做，随行人无奈，轮流去扶着马车，以免它从马背上掉下来。沙皇玩儿得很高兴，其他人都已经焦头烂额。

去往巴黎的路上，他们经过一座城市，当地的总督知道彼得是以那样特殊的交通方式行进的，特意搜集了60匹可供替换的驿马，同时准备了欢迎仪式、酒会、丰富盛宴，他把所有的贵族及官员都集中起来，殷切地等候沙皇的到来。而沙皇执意不进城，他命大队在距城一公里的地方停下，在那儿有个小酒馆，他们一行人花了不到20块钱吃了顿饭，然后住下了。

经过一番长途跋涉，一行人终于到达了巴黎。彼得再次表现出了傲慢和对宫廷礼仪的不以为然，他走进为他预备了丰盛晚宴的卢浮宫，随意地吃了两块面包喝了杯酒然后就离开了。到了住所，他又嫌弃房间太过豪华，命人搭起一个行军床睡在上面，并宣称在法国国王来访之前都不出门了。

第二天摄政王来访，彼得没有表现出丝毫的礼貌，事实上他颇为不屑于和一个国家的二把手对话。于是两天以后，年仅7岁的路易十五到访。大家都饶有兴致地看着这两个强大帝国的国王面对面坐下，一个是戴着假发脸上打粉的小孩儿，一个是身高两米多举止粗鄙的野蛮人。

在结束会谈时，彼得丝毫没有考虑皇家礼仪，直接将路易十五抱起来在他的脸颊上亲吻，而这个孩子也泰然自若，没有表现出一点慌张和对这种粗鲁行为的不满。这一次俄法外交会面被大家津津乐道，后来彼得也对路易十五进行了回访。

在法国期间，虽然他的身份得以公开，但他依然和出访欧洲时一样，他总是愿意自由地走在大街小巷，身边只跟随几个人，他们随意乱跑，去敬老院、戏院、工地，毫无章法，他常常流连于一些在俄罗斯未出现过的事物和科技，摄政王和负责接待他的侍从经常因为无法找到沙皇而心急如焚。

尽管沙皇做了很多荒唐事，但他并未忘记此行目的，法国人也同样如此。

当时法国的谈判代表从摄政王那里接到的指示是："满足沙皇的一切要求，带他吃喝玩乐，但不要和他签署任何文件。"

但后来，在外交官们的不断游说之下，本来就不坚决的摄政王终于和彼得还有普鲁士国王签署了三方和平条约，条约规定：俄罗斯、法兰西、普鲁士三国建立持久的友好联盟。但法国并没有放弃同英国和瑞典的友好关系，不过这些就足够了，彼得很满意此次访法的成效。

1717年他回到他的新家——圣彼得堡。距上次离开已经有很长时间了，这次的访欧之旅又让他见识到了不少新事物，这回他有了更细致合理的规划来建设圣彼得堡，他要将圣彼得堡变成一座完全西欧式的大都市。

查理十二世回国后重新组织军队，他不但没有谨慎起来反而进一步加紧行动。

这次他又盯上了丹麦人，他向当时被丹麦占领的挪威发动战役，一方面能够补偿他在与俄战争中受到的损失，还有他认为丹麦的软弱或许会很容易就放弃对挪威的控制。不幸的是，就在1718年，查理十二世最终没能躲过死神的追逐倒在了挪威的战场上。丧失了领袖的瑞典人瞬间兵败。

当时他们决定与俄罗斯开展正式的和谈，但他们在完全弱势的情况下却没有放下自己"欧洲最强"的身段，于是1719年，俄国的波罗的海舰队将炮口重新对准瑞典，经过两次漂亮的战役，俄国歼灭了全部瑞典舰队，于1720年攻入瑞典本土。瑞典再无翻盘的可能。

1721年，瑞典被迫签下了《尼斯塔德条约》，这是一个极度不平等的条约，瑞典丧失了大量国土，波罗的海沿岸完全被俄罗斯掌控，大北方战争宣告结束。俄罗斯成为名副其实欧洲列强之一。而瑞典则一蹶不振，从此再无缘进入军事强国的行列。

第七章　家人

1. 传奇皇后

从彼得的成长经历到他的性格、他的残暴手段还有他的众多功绩中，都能看出他的不同寻常以及在世界历史中不可替代的位置。而一个男人除了事业以外，还有同样重要的事情——家庭。彼得一生中，最珍惜的有两个人。或许从他们身上能够看到一个有血有肉的而不是雕像似的彼得。

叶卡捷琳娜这个名字已经不再陌生，在彼得被围困土耳其的时候，她曾经出现过。或许人们会产生疑问，一个皇后不是应该待在皇宫恪守本分吗？怎么会跟随沙皇出征呢？这就是叶卡捷琳娜不同于彼得第一个老婆欧多克亚皇后的地方，这也是她能够以重要的地位被载入沙俄史册的原因。

叶卡捷琳娜原名玛尔塔，她出生在利沃尼亚的一个小农庄里，她的父母都是身份低下的农奴，在她出生的当年，他们就双双去世了。她的叔叔和姑姑们轮流供养她长大，在她四五岁的时候，一个牧师怀有慈悲之心，将她带回了自己家中做洗衣工。尽管她只是一个仆人，但她怀着感恩的心尽量把工作做到最好，所以她很招人喜欢。这个在牧师身边长大的小姑娘也懂得了些许礼节，并不像一般工人那样粗俗不堪。

后来，玛尔塔引起了一个前来牧师家做客的当地官员的注意，于是官员表示出希望带走玛尔塔的心意。尽管牧师有些舍不得，但他知道，他没有理由阻碍一个孩子拥有更好生活的权利。于是很快她就搬进了这个官员的家中。

玛尔塔凭借自己的聪明以及美丽很快就在仆人中间鹤立鸡群了，官员的夫人甚至把她当作干女儿一样看待，教给她很多这个年纪的女孩儿需要学习的技艺，玛尔塔很快就出落成一个勤劳、贤惠、多才多艺的大家闺秀了。但尽管这样，因为她的身份，无论再怎样勤奋乖巧，她始终都没有机会坐在书桌前系统地学习知识，所以她并不识字。但她掌握了礼仪，学习到了一些书本上教不到的知识：察言观色，人情世故。

一些人认为，玛尔塔自懂事开始，所表现的乖巧和善解人意都是有意而为之，因为这聪明的女孩儿过早的社会经历很快就让她学会了投其所好，她知道怎样能够对她有利。

很快，她就长成了一个大姑娘了：亭亭玉立，婀娜多姿，像一汪温水一样让所有接触她的人都暖洋洋的。说白了，男人对她的抵抗力越来越弱，相反，这样风情万种的少女却能够刺激到所有女人的敏感神经。

官员的儿子与玛尔塔年纪相仿，这个时期，官员的妻子就对她产生了抵触心理。她总是担心玛尔塔那勾人眼神儿和窈窕的身材会让自己的儿子想入非非，无论如何她也不会允许儿子娶一个农奴的。就在这个时候瑞典侵入了利沃尼亚。

据说，一天玛尔塔不小心被两个瑞典士兵强行带走，他们看到这个性感的姑娘后兽性大发，正准备侵犯她，这时一名正直的瑞典军官经过此地营救了她并把她安全地送回了家。

这个军官在战争中失去了一条胳膊，是军中的战斗英雄，他的为人正直、心肠善良，在瑞军中备受尊重。他对玛尔塔一见钟情并向她求婚，就这样，在官员妻子的一番劝说下玛尔塔嫁给了这个独臂军官。实际上玛尔塔本身也愿意嫁给这位军官，一方面是对他抱有深深的感激，另一方面，嫁给一个当时最强大陆军的军官，着实比待在一个普通官员家庭里做仆人好得多。

他们很快就举办了婚礼，那时她17岁，是一个女人最美丽的时光。她憧憬着未来，贴心地依偎在军官的怀里，在这幸福的刹那，一颗炮弹在教堂的不远处炸响了，整个马林堡拉起了警报。

瑞军被以最快的速度集结起来，她的新婚丈夫也撇下了她加入战斗中，那是他们最后一次见面。这个军官此后的遭遇已经无从考证，总之，他就这样消失了。玛尔塔慌张地逃命，辗转数日，其间不断有炮弹在她身边几十米的地方爆炸，或许是因为命运的眷顾，这个有魔力的女人连一根头发都没伤到，最后她和几个妇女躲在了一个烤炉里。

在马林堡城外拼命发射炮弹的，正是谢列米杰夫带领的俄军。那时正是1702年，俄军在纳尔瓦失利后吸取教训，加强了军事改革，兵力大涨。他们获得了几次对瑞战斗的胜利，军心倍增，愈战愈勇。这会儿，俄军已经弹尽粮绝，他们拼命攻击马林堡想要占据它。谢列米杰夫对士兵大喊："兄弟们！女人，酒，一切都在那座要塞里！只要攻进去，我给你们一天的时间让你们尽情寻欢作乐！"

没错，俄国人是粗暴的。在他们胜利后，瑞军的指挥官曾恳求谢列米杰夫放走城里的妇女和儿童，但被严厉地拒绝了。那些东躲西藏的妇女最终一定会被找到，事实上这些野蛮的俄国士兵是将她们从藏身地拖出来的，其中的一些姿色不错的难免会遭到凌辱。

所有的战俘和平民百姓都被集中在一起严加看管，当谢列米杰夫巡查战俘营的时候，他一眼便看见了人群中与众不同的玛尔塔。她穿着颜色鲜艳的连衣裙，眼里放着泪光，楚楚动人望着谢列米杰夫的眼睛。这如此年轻的脸庞加上那种恳求的勾人心魄的眼神让他的心好像被撞了一下。于是他揉了揉鼻子，假意镇定地离开了。

一回指挥所，谢列米杰夫马上派士兵把玛尔塔叫来，用他的话说："这小娘们儿还不错，放那儿被那些饿狼们糟蹋可惜了。"后来士兵把玛尔塔推进了指挥所，她的脸脏兮兮的，但难掩那俊俏年轻的脸蛋儿，她的胸前搭着一条白围巾，有些衣冠不整，衣服的领口处和裙摆都露出了毛儿边，像是被人给撕破的，看来她早已被哪个如狼似虎的士兵给糟蹋了。一进门她就绝望地跪在地上，神情迷离。谢列米杰夫走到她身边仔细打量着她，是啊，这是个美人儿，白皙的脖子，柔软的肩。

谢列米杰夫简单地询问了她的情况，而她的回答镇定，有逻辑，尽管虚弱得让人怜惜，但完全看不出一点慌张和不知所措。说起她婚姻的问题，她显露出了更加柔情的一面，她哭泣，哽咽，在这时如果她向谢列米杰夫提出任何请求都会被允许的。但她没有，谢列米杰夫安慰她："姑娘，你这么年轻，别再想你的前夫了，你可以再找一个。你要吃东西么？"玛尔塔微微翘起下巴，笑了一下。谢列米杰夫扶起她柔软的肩膀，将她带到餐桌前，"来，跟我吃点东西吧？"

　　可以看出，玛尔塔确实饿坏了，尽管她吃得很急，但并未失掉优雅。谢列米杰夫命人去为她置办了一些新衣裳和生活用品，并对玛尔塔说："别担心，你缺的东西我都会给你补齐。明天我们就要离开这儿，今晚你先睡在这里吧？"玛尔塔抬了抬眼睛，脸红了，羞涩地点点头。谢列米杰夫被这可怜的小样儿弄昏头了，他像英雄一样一把将玛尔塔的手拉住，对她说："你就跟着我吧，我不会再让你过以前的那种日子。"玛尔塔笑了，手任由谢列米杰夫拉着。

　　玛尔塔在谢列米杰夫家中成了第二女主人。据说，凭借她精于家务的能力，很快她就掌管了谢列米杰夫家中所有的佣人。而更多人说，尽管谢列米杰夫有妻小，但她却成了这个老头子名副其实的"正房"。

　　这样的日子没过多久，谢列米杰夫的好友缅希科夫王爷到访。两人喝了很多酒，这个老头有些得意忘形，和缅希科夫提起了玛尔塔的事，他说："这个姑娘简直是天上掉下来的宝物，她精明乖巧，活泼欢乐，而且所有的家务活都会做。"缅希科夫怂恿他："把她叫出来我瞧瞧。"这会儿，谢列米杰夫突然意识到自己说错话了。因为他心里清楚，玛尔塔是人见人爱的，如果被缅希科夫看见就糟糕了，尽管两人关系再好，但如果王爷开口的话他就只有服从的份儿了。

　　但覆水难收，他十分不情愿地把玛尔塔叫了出来。缅希科夫常年游走在风月场所，见识过各式各样的女人，但他还是对玛尔塔表示出特别的兴趣。他调戏玛尔塔说："按照规矩，要对来访者敬酒，还得亲个嘴儿。"谢列米杰夫脸黑了，尴尬地说："王爷他还是个小女孩儿。"可玛尔塔却笑了，她爽快地拿起酒杯敬了缅希科夫，然后把头伸过来让王爷在她湿润的小嘴儿上狠狠亲了一口。然后缅希科夫就像谢列米杰夫第一次见到她那时一样激动，为了这样一个女人，他可以什么都不要，他现在只想把玛尔塔带回家。"把她让给我吧。"缅希科夫满面红光地说，"我可以把所有东西都给你，我的房子，我的一切，包括我身上的衣服。"谢列米杰夫最不想看到的一幕发生了，他尽量保持恭敬地说："王爷，您看，她是我非常珍惜的。"缅希科夫强硬起来："你这个老头怎么能拥有这样的年轻姑娘呢？你又有家室，上帝都不会原谅你的。而且如果沙皇陛下听说了你的这种淫乱行为，相信他也不会高兴。"

谢列米杰夫再无争辩的可能，于是他向玛尔塔介绍了缅希科夫，说了一些客套话，让她即刻与缅希科夫回府。我们无法知道玛尔塔真正的内心，因为当时她卑微地点头顺从，既没有表现出对谢列米杰夫的留恋和不舍，也没有表露出即将服侍王爷的喜悦心情。她只是冷静地，带有礼貌性地微笑。也有人说她在缅希科夫家最初的几天经常闷闷不乐，甚至时而流眼泪。但后来，一切证据都表明她让缅希科夫非常舒心，用缅希科夫自己的话说："她就像欢乐的小鸟一样让我快活。"

可以轻易看得出，玛尔塔，也就是后来的叶卡捷琳娜，是个极为聪明的女人，她在各个方面都让人没有毛病可挑，既表现得有情有义，又识大体。不管这些行为是否发自内心，可以肯定的是，她的生存能力非常强，她懂得用自己作为女人特有的优势去征服这些粗野的男人。

在缅希科夫家里，玛尔塔成了他的情人，或者是他的爱人。但缅希科夫绝对没有想到他茶余饭后作为笑话讲给沙皇听的关于他如何从谢列米杰夫手里抢走这个美女的故事让彼得印象深刻。后来在彼得有意无意提起时，他竟然不知收敛，经常讲起关于这个美妙女人的种种故事。年轻而又单身的沙皇终于动了心思。

一次彼得在缅希科夫家做客，也许彼得就是冲着这个女人来的。在酒喝到一半的时候，彼得放下酒杯，直截了当地说："这可都是你提起的，叫她出来吧。"缅希科夫表情瞬间僵住，他预感到自己的这一段感情经历要提前结束了，回想起以前他肆无忌惮地侃侃而谈，此时此刻他真想抽自己嘴巴。迟疑了几秒钟，他迅速站起身，"稍等，陛下。"上楼去了。

玛尔塔步履轻盈地走进客厅，她小心翼翼地试探性地迈着步子，偷偷打量着彼得，彼得将视线转向她，她又急忙低下头。缅希科夫气急败坏地说："进来！别怕！"她走到彼得身前，行了个礼，然后拉起彼得的大手掌亲吻了一下，然后坐在彼得的正对面，大方地看着他。"能喝酒吗？"彼得问。"能，谢谢您。""过去的日子辛苦吧？""不辛苦，谢谢您。"

缅希科夫在一旁咬牙切齿地说："别光谢谢，说点别的。"

玛尔塔暧昧地看了一眼彼得，对王爷说："和他能说什么呢，他又不是普通人。"

这个女人弄得彼得心花怒放，他打了一个呵欠，"我困了，过来，玛尔塔，带我去卧室。"后面的场景不难猜到，第二天一早，缅希科夫只能懊恼地将彼得和玛尔塔一同送回宫里。

从那天起，玛尔塔就算和沙皇同居了。她为他生了孩子，皈依了东正教，改名叶卡捷琳娜。1707年，沙皇与她举行了婚礼，这场婚礼是秘密的，随后的几年也未被公开过。但在宫中，她的身份已经众人皆知。

彼得完全被她吸引，可以说，他坠入了爱河。一直到他死去，这个女人都是他的依赖，而叶卡捷琳娜也对彼得十分忠心，她比一个普通的贤惠妻子为自己丈夫付出的要更多。她大多数时候都需要陪伴在自己丈夫的身边到处征战，因为彼得不能忍受没有她的日子。尽管有时他们不得不分开，但还是相互通信。叶卡捷琳娜会托人代笔，因为自己不会写字，还会让信使带一些自己亲手做的点心给彼得。有时候彼得会睹物思人，向她表达自己迫不及待想要见到对方的愿望，这时叶卡捷琳娜会抛下一切，不顾危险，甚至穿越战区，以最快的速度赶到彼得身边。在和彼得的关系里，这个女人表现出了男人般的意志和责任。包括在土耳其的那次，叶卡捷琳娜救了彼得一命，如果没有这个女人，也许彼得和他的沙俄帝国早已一败涂地。

彼得终于下决心正式迎娶叶卡捷琳娜，她实在是太招人疼爱，甚至在治国的时候彼得都需要她以一个合理身份帮自己出谋划策。这次婚礼邀请了全俄罗斯甚至国外的一些有头有脸的人物，而婚礼也含糊其辞被宣告成典礼，彼得并不想遮掩自己已经跟这个女人结过一次婚的事实。所有诸侯贵族等也识相地送去贺礼，在上面标注"恭贺陛下旧婚"。

在婚礼上，沙皇并没有穿皇家礼服，而是以海军上将的身份身着军装，仿佛这次典礼是为一个普通的海军军官举办的，所有军方官员和贵族都被列为座上宾，因为叶卡捷琳娜是孤儿，他们中一些资历非常老的人负责代替新娘的父亲将"女儿"交到新郎手中，这些将军的夫人与纳塔莉娅皇太后一同担任沙皇母亲的角色。

伴娘由这对夫妇的两个女儿担任，安娜和伊丽莎白。这次婚礼仿佛更像是皇后的加冕仪式，叶卡捷琳娜从一个奴仆一跃成了名副其实的皇后。

婚礼的场面没有像以往的典礼那样铺张，早上7点，达官贵人们来到缅希科夫私人的小教堂，婚礼仪式很简单，就是宣誓之类的，结束以后他们前往缅希科夫家中稍事歇息，之后他们组织了一个雪橇队伍游行回宫，雪橇是由6匹马拉着，装饰豪华，后面跟随者皇家乐队在行进途中演奏。为了纪念这桩举国欢庆的皇家喜事，在盛大婚宴过后，全城灯火通明，齐放礼花。

半个月以后，官方发出正式通告，叶卡捷琳娜被封为皇后，为沙皇的合法妻子。就在当天，他们夫妇二人赶赴了前线。就在战争进行得如火如荼的时候，彼得病倒了，他又一次陷入了死亡的恐惧中，而这次，叶卡捷琳娜无能为力。他要求叶卡捷琳娜立刻前往安全的地方，以防一旦自己病故，军队面临危险进而拖累到她。但叶卡捷琳娜表现出的不离不弃让彼得不得不妥协，她哭着跪在地上恳求彼得不要让她走。她必须陪在自己丈夫的身边。彼得十分感动，他很庆幸自己娶了这样一位皇后，在以后的日子里，无论彼得到哪，叶卡捷琳娜再也没有离开过他一步。

后来，皇后产下一名男婴，这也是彼得的次子，取名彼得·彼得洛维奇。此前，彼得已经对自己的长子——阿列克谢丧失希望，这个孩子的出生无论对彼得还是沙俄王室都有着重大的意义，整个庆生典礼持续了整整8天时间，丹麦国王担任孩子的教父为新生儿洗礼。

小彼得的出生在沙皇和叶卡捷琳娜之间产生了一种纽带，除了像大多数父母那样，他们有着对自己儿女共同的殷切希望以外，由于彼得将这个儿子看作是传承家业的唯一希望，于是小家伙的妈妈地位也就不容小视了。

现在，叶卡捷琳娜在彼得的心中有了影响力，而不是像之前一样仅仅是一些依赖。皇后的意见经常可以左右彼得的行为，她也是彼得唯一一个毫无防备的人。当然，叶卡捷琳娜这样一个聪明的女人是很会拿捏尺度的，她并没有因此而胡作非为，她像个驯兽师一样循循善诱，耐心教导，小心地驾驭着彼得这只猛兽。在沙皇大发雷霆、歇斯底里的时候，只有皇后能走近他让他安定下来。我们曾经提到过，彼得由于儿时受到过于强烈的刺激，让他患有间歇性的面部痉挛，这种病在他无法控制自己的情绪时更容易发作，所以在叶卡捷琳娜平复他情绪的同时，他的发病次数也大为减少了。无论在心理还是生理上，彼得对一个人的依赖达到了空前的程度，甚至超过了从小养育他带他奔走逃命的母后纳塔莉娅。

从朝廷内部的角度考虑，这个温柔识大体的妻子对丈夫的改变让很多人产生了更多的安全感。他们中的一些人多多少少都因为皇后对沙皇的影响而受益，因为如果放任彼得不管，那么他残忍的性格会让很多人遭受苦难，甚至蒙受不白之冤。皇后的威望大增，就像当年的列福尔特一样受人尊敬和爱戴。

相信你也会想象到，叶卡捷琳娜在驯服这头野兽的时候会承受比他人更多的危险、痛苦、委屈。一次，当彼得带领众人包括皇后参观柏林的一所雕像馆时，他们看到一个雕刻露骨的"淫秽的"小雕像，他非常下作的要求叶卡捷琳娜去亲吻这个雕像的"关键部位"，按道理说，没有人会在众人面前如此对待自己的妻子，何况是这样庄重的皇室场合。叶卡捷琳娜也觉得这太过荒唐，面露尴尬之色，但彼得突然严肃了起来，他说："如果你不亲，我就把你的脑袋砍下来挂在旗杆上。"或许这不是真心的，我们更愿意相信这是一个夫妻间的玩笑，但这未免太让人接受不了了，后来叶卡捷琳娜不得不照办。

除此之外，在沙皇执政的后期，一些政令都是参与了皇后意见的，无论国内的行政事务，还是对外的谈判和协议的签订，沙皇无一不跟皇后商量，皇后的意见似乎比满堂朝臣的奏折还要有效。有时候，皇后甚至能决定一场战争的开始与结束。尽管她不识字，但叶卡捷琳娜表现出了极高的政治素养和政治家品质。

后来，当彼得去世以后，在缅希科夫等人的帮助下，叶卡捷琳娜顺利即位成为俄罗斯帝国历史上第一位女沙皇，史称叶卡捷琳娜一世。

2. 扭曲的成长

　　还有一个人，我们应该加以了解——阿列克谢·彼得洛维奇，也就是彼得与前妻欧多克亚留下的唯一的孩子。彼得大权在握之前，这个孩子曾经成为整个沙俄皇室的希望。但我们现在看来，这个拥有绝对优先继承权的太子也许是彼得辉煌的一生中最大的遗憾。

　　彼得对待阿列克谢就像所有成功的男人对待自己的儿子一样，他将一切希望寄托在儿子身上，除了希望儿子能够子承父业以外，具备比自己更优秀的品质和抱负也是十分重要的。阿列克谢曾是彼得的骄傲，作为沙俄的继承人，彼得试图将自己的所有经验和技术，包括一些思想上的意识，对生活的热爱之情等等统统传授给他。可虎父无犬子这句话在这儿似乎并不适用，阿列克谢好像对什么都提不起兴趣，尽管彼得一再开导教育，试图从一些角度开启他作为一国之君的智慧，但这都是徒劳。

　　阿列克谢的所有精力、情绪、欲望，似乎都在他的父亲那辈用完了。他比一般贵族家里的纨绔子弟更让人无法忍受，因为他似乎连干坏事的欲望都没有。每日每夜，他都将时间花在懈怠、懒惰、放纵上面，就像个吸毒的瘾君子一样。大多数父亲也都是恨铁不成钢，尤其是以彼得这样的脾气，更让阿列克谢也越来越抵触父亲的教导，无意向他本该走的道路发展。

造成这样的结果是有原因的。每个人在新生儿的时候都是一张白纸，他所有的性格和气质都是后天养成的，就算有些许遗传的因素，但这最多就是锦上添花，完全不起决定作用，后天的教育尤其是早期的启蒙教育才决定了一个人的一生。

一般来说，人在儿时多数都会依赖在母亲身边，何况一个帝国的君王，他和孩子见面的时间可能还不如负责伺候这对儿母子的仆人多。欧多克亚是个传统的俄罗斯贵族女性，她既本分、完全忠于自己的丈夫，同时又极度守旧、落后。而这也是彼得在很短时间内就抛弃她的原因，是的，彼得排斥一切旧事物，还有拥有旧思维的人。

彼得自打执政后就从未停止改变俄罗斯的脚步，他遇到的所有障碍都是那些陈腐的旧东西，包括教会、保守贵族还有愚昧的百姓。欧多克亚就是这些人中的典型，当然，因为"传统"，她更不可能反对自己的丈夫，所以她越来越尴尬，在一种道德和另一种道德之间陷入无限的矛盾，她对丈夫产生了严重的恐惧，仿佛一个天使嫁给了魔鬼。在这种情况下，善良的欧多克亚将自己全部的精神世界都投入到宗教中寻求慰藉。

所以阿列克谢在宫中自幼看到的更多是终日神神道道的母亲，还有父亲对母亲的辱骂和轻蔑。他通过母亲接触到的更多是些教会传达的思想，对上帝的绝对崇拜。这导致小阿列克谢"天生"就是个守旧派。在这段时期，他的导师是个迂腐的王爷，他对事情的理解似乎还不如一个平民百姓透彻。后来，也就是彼得平定射击军叛乱后，欧多克亚被彼得关进了修道院。这一切在阿列克谢的世界里呈现出的是：父亲毫无缘由地将母亲从自己身边夺走，自己成了孤儿。

彼得开始关注对儿子的教育问题，于是阿列克谢被带到了圣彼得堡，彼得请了一位德国将军负责儿子的教育工作。毫无疑问，彼得选定的人一定是十分优秀的，他教授阿列克谢德语、马术、军事理论，还有一些基础的自然科学。可好景不长，正当阿列克谢有些许起色的时候，这个德国将军被彼得委派了一个重要任务，所以阿列克谢不得不又被带回莫斯科回到那个昏庸的老王爷身边。尽管缅希科夫作为皇子的太师，但他很少走近教导这个处在人生重要阶段的小孩儿，每次见到他时最多就是严声厉色地吓唬几下，督促他要努力学习。我们知道，这根本不管什么事儿。而在平时，阿列克谢接触最多的竟是些教会的神职人员，他将德国导师以及他所有教授的东西忘得精光，重新陷入了宗教的麻痹之中。

教会十分乐意接纳这个小孩儿，或许他们更想把他当成一个砝码在彼得影响教会利益的时候能起到一定的制衡作用。一个名叫亚历山大·吉吉尼的人对阿列克谢产生了非常不好的影响，他本是一个阴险、满腹阴谋、十分邪恶的人，他向皇子曲解彼得的种种改革措施并做出十分严重的指控，利用皇子年幼无知让本来已经思想上极为混乱的阿列克谢进一步抵触自己的父亲。这一切都是恶意的，在潜移默化中，小阿列克谢陷入了比他的母亲还深的矛盾：崇拜神灵，却没有学到宗教中任何优秀的品质；传统保守，但又放纵堕落；深知皇室传承的重要以及作为皇子应尽的孝道，同时越发厌恶自己的父亲。

这位可怜的皇子好像精神分裂一般，时而暴怒时而温和，时而专横时而懦弱，见到沙皇时他总是压抑着非常厌恶的情绪去接受父亲的亲吻，而沙皇却完全没有注意到这些。

后来，彼得按照自己的教育方式，希望儿子成为一个真正的男人，于是在他14岁时把他送到军队。在一场战役中，阿列克谢被严加保护，使他在最安全的情况下参加了战斗。在战役取得胜利后，彼得当着众官兵的面向儿子说："让你和我一同参加这场战役，是为了让你知道你的父亲，无论在宫中还是在战场，做事情永远义无反顾。你是我的儿子，我必须告诉你，如果你不能像我一样义无反顾地做事情，我绝对不会饶了你。你已经长大了，你需要思考更多关于如何让你的国家变得强大、如何给你的家族带来荣誉的事情，你需要让你的臣民生活得更好，为此你必须要努力，如果你懈怠、懒惰、不作为，那么我就不再认你，而你，将会得到最严酷的惩罚。"

本来就懦弱的阿列克谢被父亲的一席话吓坏了，他急忙跪倒在地，用颤抖的声音说："父皇，儿子谨遵教诲。我一定会付出全部精力，致力于在各个方面向您看齐。"从他颤抖的声音里，很容易发现，这类似于宣誓似的告白完全是在恐惧的催促下，寻求从困境中解脱的基本表现，事实上，在表忠心的那一刻，阿列克谢的内心恰恰是极度厌恶和抵触的。

阿列克谢和彼得完完全全是相反的两种人，或者说，阿列克谢除了皇子的身份以外，和那些腐朽的守旧派基本没有区别，甚至比那些守旧派更无作为。或许彼得将自己身上的反抗精神多多少少遗传给了阿列克谢，但他的儿子却没有像父亲一样产生任何要改变陈旧事物的欲望，而是把这点儿反抗精神全放在了心里去对抗他苦口婆心的父亲。阿列克谢恨彼得的另一个重要原因是因为彼得夺走了他敬爱的母亲，这在他的童年记忆里留下了巨大的阴影。

在17岁的时候，他背着沙皇偷偷跑到修道院看望母亲，而后被彼得知道，作为一个孩子的父亲，他没有首先考虑孩子这么做的原因是因为亲情，而是怀疑自己的儿子和生母有阴谋，这是十分可笑的。于是他将阿列克谢召唤到面前大肆威胁和侮辱，懦弱的儿子只能一面卑微地认错，一面在心里对更加厌恶父亲。后来所有对现行制度和沙皇本人有意见的人都会跑到皇子面前去发牢骚，他们在那里能得到积极的回应甚至达成共识，一段时间内，皇子的家变成了这些人集会的地点。

3. 周旋

后来沙皇开始强制性地让他参与国事，任命他为莫斯科的总督，负责国家赋税、征兵，以及克里姆林宫防御工事的监察工作。毫无工作经验的皇子对这些账本、名册还有军事书籍一窍不通，再加上他本身对这些东西毫无兴趣，于是这些书籍就被安静地摆在他的办公桌上落着灰，而他则终日拿着他钟爱的神学著作并沉浸在其中。当沙皇得知这些事后再一次发火了，这次阿列克谢找了说客——叶卡捷琳娜。

由于这个女人在沙皇心中非凡的影响力，所以几天以后，彼得就再不提这件事了。

就在这时，波尔塔瓦战役爆发了，本来彼得指示阿列克谢亲自率莫斯科援军奔赴前线，可能是因为之前父亲发火的事被吓着了，阿列克谢得了风寒身体虚弱，于是他就这样错过了自己的父亲一生中最为辉煌的一战。

沙皇很恼火，他觉得自己的儿子起码应该和自己并肩作战，像个男人一样不会被任何事情压垮，怎么能够如此弱不禁风。后来他想通了，他觉得每个人的体质都不一样，但起码儿子的智力应该像自己，既然他的身体不足以让他在战场上出生入死，那么就提高他的智慧做一个能够运筹帷幄总揽大局的智者也是不错的。于是沙皇决定送儿子去德国学习，希望他能掌握建筑学相关的知识回国帮自己继续修建圣彼得堡。

阿列克谢自然是十分不情愿的，因为对他来说，外面的世界充满了异教徒，充满了邪恶的思想，这会让他进入到一个肮脏的世界，在那里他得不到神的庇佑，得不到心灵的指引。

但无论如何，皇命不可违，于是他出发了。值得庆幸的是，虽然他在德国远离自己的精神庇护所东正教堂，但他也远离了彼得。所以在那段时间，他频繁地与主教们秘密联系，帮助教会编纂神学书籍，一天也没放下虔诚的宗教活动。但同时这些神圣的教义也丝毫没有影响他荒淫堕落，除了每天例行的宗教活动以外，其余时间他都是在酒和女人的世界中度过的。

没过多久，大概是在阿列克谢二十岁左右的时候，沙皇决定是时候让他结婚了。未婚妻名叫夏洛特，她是位德国公主，这桩婚事对于男女双方的家长来说，都是有其政治作用的，双方都在极力促成，丝毫没有考虑到年轻人的意见。

阿列克谢是虔诚的东正教徒，而夏洛特是路德派新教徒，在他的眼里，就连碰一下异教徒都会遭到上帝的惩罚，更别说把一个异教徒娶回家当老婆了。这对阿列克谢来说是极为恐惧的，于是他只能一再推脱说希望能认识更多的公主以供自己挑选。但早已有所打算的彼得怎么可能尊重自己儿子卑微的信仰呢？于是就在彼得从土耳其狼狈归来后，这场政治婚姻终于达成了。

彼得偷偷看了一眼即将为沙俄传宗接代的儿媳妇儿，她长得十分丑陋、瘦弱，即使放在充满平民百姓的集市中也丝毫不能将她凸现出来，尽管作为新娘，她已被珠光宝气装点得十分奢华，但那打不起精神的惨淡面容和阿列克谢愁眉苦脸的样子如出一辙。在一场婚礼中，如果只有双方家长感到喜悦，那么这无疑就是个悲剧的开始。

婚后的阿列克谢没有丝毫变化，甚至更加无情，因为这时，他的身边终于有了比他还要弱势的人。阿列克谢一天也没有尽到丈夫的义务，他终日酩酊大醉，和丑陋的妻子长期分居，尽管都住在一个宫殿里，但有时候他可能连续一周都不会见妻子一面。夏洛特就这样住在宫殿一角的一个小房间里，终日忍受着孤独的煎熬。

阿列克谢则跟一个买来的女奴隶厮混在一起，他们甚至同居，酗酒，不知羞耻的淫声荡语时常传遍整个宫殿。有时阿列克谢在酗酒后会闯进这个可怜妻子的房间，以近乎虐待的方式与她行房。这些无疑是对一位名正言顺的妻子、身份高贵的公主最大的羞辱。

夏洛特只能跟母亲通信来寻求一丝告慰，例如："我嫁给了一个冷酷无情的男人，他从未对我表示出一丝爱意。这里的生活如此悲凉，我甚至可以预见到暗无天日的未来。"

彼得又无法时刻管教阿列克谢，毕竟庞大的正在蒸蒸日上的帝国事业让他忙得焦头烂额。但有时他会直接前往儿子的家中进行训斥，这样的无关痛痒的教育带来的结果就是，沙皇前脚离开，阿列克谢后脚就闯进夏洛特的房间变本加厉地折磨她，他把一切不满都发泄到妻子身上，他指责妻子告密，对丈夫不忠，尽管夏洛特一再解释，但皇子根本就不相信她。

后来夏洛特接连生下两个孩子，一女一男。但尽管这样，她的境况没有得到任何改善，她的丈夫对她没有丝毫感情。据说她的第二个孩子临盆之前，阿列克谢还一如往日地殴打她，造成了她身体极为衰弱得了重病。就在男孩儿出生后的几天，医生宣告了她的病危。

面对死亡，夏洛特显得十分淡然，她觉得这或许是她最好的结局了。但她不愿因为自己使两国产生摩擦和误会，于是她给娘家写了封信，信中说道："尽管社会上流传着我由于遭受虐待心情抑郁得了重病，但我自己清楚那是因为我的体质太弱，请我的家人不要相信这种谣言，也不要因此与沙皇陛下产生误会。作为沙皇，他言而有信，履行了婚约的全部条款，他对我本人也表示了极大的关怀，我很感谢他。"

此时沙皇也患了重病卧床不起，但当他得知儿媳妇已病危时，还是决定无论如何都要来看望她。于是沙皇就这样躺在马车里，被仆人运来了。夏洛特非常感激，她将自己的一切，包括两个孩子都托付给了彼得，彼得此时的身体比她好不到哪去，于是便命人接过孩子，简单安慰了她，然后匆匆离去。

她的仆人们早已为公主凄惨的一生悲痛不已，走廊里不时传来他们绝望的哭声，他们饱含泪水将药送到公主嘴边，但她却拒绝服用，显然，夏洛特早已绝望。几天后，她含恨而终。

可笑的是，阿列克谢抱着妻子的遗体号啕大哭，还因为伤心过度导致了几次休克。很多人说阿列克谢是在演戏，但更可能的是，这个冷酷的教徒此时表现的是心中的一点点良知。他悲惨的成长经历以及畸形的教育导致他人格有些分裂，他所表现懦弱的一面或许是源自于宗教对他极大的影响，信徒在信仰面前永远是卑微、顺从，在一定程度上来说，应该是善良而无害的；而他冷酷顽劣的一面更多是因为在他心中，他与父亲是对抗的。在本性懦弱的影响下，阿列克谢不得不选择在其他方面表现他的对抗而不是直面沙皇。在妻子躺在床上那一刻，他没有丝毫理由和渠道去激发自己身体里的对抗，良知在此刻涌上心头，习惯于祈祷和忏悔的他甚至在心里会产生深深的自责。这样的场景，很难说清楚谁更幸运谁更悲惨，夏洛特的生命终结了，但阿列克谢的悲剧人生还在继续。

尽管沙皇公务繁忙，身体状况不佳，但他还是一直保持着与儿子阿列克谢书面上的联系，在夏洛特病危之前，沙皇曾给儿子寄信：

　　我已经无数次叮嘱你、责罚你，甚至动手打你，你甚至连个小孩子都不如，这么多年来没有一点长进！我对你的所有教导你都当作耳旁风，懒惰，无所事事，不思进取，我都为你是我儿子感到羞耻！

　　我对你已经彻底失望了，但作为沙皇和你的父亲，我有义务给你最后一次警告。如果你不改邪归正，哪怕是让我看见你有点起色，我会剥夺你的继承权。你千万不要认为我是在吓唬你，就算我只有一个儿子，我也需要为自己创下的这一番基业负责。

　　如果你再这么堕落下去，我宁可把皇位交给一个异族人也不会让它毁在一个不孝子的手里！

　　可以看得出，这个强大的父亲已经在儿子面前许多次妥协了，这次也一样，无论怎样责骂，他都会给儿子留一个出口。他甚至都没有指责阿列克谢荒淫无度的生活，他仅仅是希望儿子能将注意力转到国家事务上来一点点而已。但这封信没有起到威胁作用，因为当阿列克谢读到这封信的几周后，彼得的第二个儿子彼得·彼得洛维奇出生了。他知道，彼得现在完全有可能将继承权交给次子，而且他似乎也松了一口气，本来他对治国也没兴趣。如果这样还不如主动让出继承权寻求妥协，于是他给沙皇回信了：

　　仁慈的父亲，我已经在亡妻葬礼的当天读了您这封信。

　　无论如何，首先，我要感谢上帝能够让我拥有一个兄弟，我将为他的健康祈祷。

　　鉴于您提起关于继承权一事，很惭愧，尽管这样不光彩，但我很愿意交出它。

您也看见了，我身体虚弱，无力掌管国家事务；更何况我资质远不及父亲您那样英明神武，我的记忆力已大不如前，我也许要像父亲大人一样为国家和人民考虑，我不该接受这个王位。

在上帝面前，我宣誓自愿放弃王位继承权，此信为证。同时我愿意将我两个孩子交由您来抚养。而我自己，只希望您能开恩提供我些许生活费赖以生存，一切的一切全部听从您的安排。

在隔了几个月以后，阿列克谢收到了父亲的回信：

由于前些日子病魔缠身，所以现在才回信。

我发现你根本不在乎继承权，我不明白，作为我的儿子，你难道不觉得你该对你的国家有所贡献、在处理日常事务上为我分忧吗？你所谓的身体虚弱全部都是借口，你古怪的性格才是这一切的根源，这我不止一次提到了！

还有，你从未对我提出的关于你懒惰以及种种不良的生活态度问题进行正面回应，无论我提多少次你都像个无赖一样对这些关键问题回避。

我发现好言相劝毫无作用，那就别怪我无情了。你现在有两条路，要么改邪归正，按我说的做；要么我会把你关进修道院直到你死去！

现在你要以最快的速度回复我，否则我将用残酷的手段对付你！

虽然阿列克谢是虔诚的信徒，但一想到要像母亲一样在修道院中度过暗无天日的一生，他就一身冷汗，于是他向他的教会朋友们求助，这些人比他更有远见，更狡猾。吉吉尼对他说："你的父亲绝对不会让你出家的，他只是以此威胁你就范。不如将计就计，或许此后这还能作为一个保全你的自由牵制他的办法。而且就算被关进修道院也不代表再也出不来。有许多传奇人物都是被关进去之后又被解救出来的，以你现在的状况，你完全可以主动示弱，在里面安全地等待时机。"而后，阿列克谢马上做出了决定：

　　仁慈的父亲，由于病痛难忍，原谅儿子不能回复一封
长信给您。我选择出家做一名修道士，希望您能够批准。

　　吉吉尼的分析没错，彼得虽然十分残酷，但面对阿列克谢，他终究还是一名父亲。一个父亲怎么可能将儿子送去出家呢？所以当彼得收到这封回信时竟然一时间不知所措，那时他要赶往丹麦，在出发之前，他走进阿列克谢的房间询问他是否是认真的，而阿列克谢当然咬紧牙关，他一面装病，一面向父亲表示他已对凡尘看淡，希望出家得以解脱。面对着已经像烂泥一样的儿子，彼得再也没有严厉地训斥，他平和地安慰阿列克谢说："你还年轻，出家没你想的那么好过，我再给你半年的时间，你好好考虑一下。希望半年后我会听到你决定改过自新，准备接受王位的好消息。"

　　阿列克谢喜出望外，这完全超出了他的意料，在父亲离开以后他从床上跳起召唤了他的那些教会朋友恢复了荒淫无度的生活，他比以前更加过分，好像永远摆脱了父亲似的。

　　其实他的这些朋友远远比他看到的还要聪明，阿列克谢是他们的棋子。他们是强烈反对彼得改革的守旧派，索菲娅在世时，这些人就围在她的周围时刻计划着阴谋。现在换成了阿列克谢——竞争王位最有力的人选，他们可以利用他挑起事端，争取舆论的支持，

最后他们会将一切权力尽收囊中。据说，在那时他们甚至已经开始密谋更详细的计划了，他们策划谋反，让阿列克谢登基，然后一切将回到改革之前的样子。我们可以肯定，彼得并不知道这些，但阿列克谢应该不会对推翻自己的父亲发出任何反对的声音，对他来说，只有父亲下台，他才可能肆无忌惮维持现在这种生活，就像这次，阿列克谢充分体会到了父亲不在时的美好。

在这六个月里，阿列克谢从未对未来做过任何打算，他只是及时行乐，自欺欺人，完全没有考虑过在半年以后要如何面对父亲，时间就这样过去了，在这期间他给父亲写过两封信，但都是礼仪性的，向沙皇问好，近况等等，并未提到任何关于自己对未来的想法，在七个月的时候，沙皇的一封来信打破了阿列克谢的幻想：

> 我等了你七个月，虽然你给我来的两封信我都收到了，但你丝毫未提及关于你对继承王位的看法，你只是一味地说你身体不好，执迷不悟地要进修道院。好吧，我已经给了你足够的时间，现在你必须马上答复我。
>
> 如果你选择准备继承王位改过自新，那么你要即刻启程到哥本哈根来与我会合，我会针对你如何改变的问题做出适当的安排。
>
> 如果你执意要进入修道院，那么也告诉我你决定出家的准确时间，我也就安心了。
>
> 我已经对你足够容忍了，现在务必给我个结果，不要再试图拖延时间，是时候将此事做个了结了。

阿列克谢知道父亲这次是认真的了，他周围的狐朋狗友也确认了这封信的严重性。但他既不愿出家，更不愿到父亲身边受他管制。这封信把他逼到了绝境，在和他的朋友商量后，经过一番细致的分析，他做了有生以来最具魄力的决定：逃亡。

4. 逃亡

阿列克谢决定利用这次机会彻底摆脱父亲，他可以做好一切准备，就像本来要去哥本哈根那样，但只要一跨过边境线，他就自由了。一般在这种情况下政治流亡者都会选择寻求另一个国家官方上的庇护，这样一方面能够很快地获准入境，另一方面也能够让这些身份特殊的流亡者过得好一点。阿列克谢就是这样想的，起码要确保他的安全同时不至于被交出来。

他是这样安排的：

首先，除了那两个经常给他出谋划策的狐朋狗友还有他的管家，就连他那奴隶出身的情妇叶芙洛辛娜都不知道此行的真正目的地。这一众人跟着他开始做出发前的准备，他们都以为将要奔赴哥本哈根。在这一点上他考虑得很周详，要知道如果事情败露他将死无葬身之地。

然后，阿列克谢分别向父亲的朋友、官员、长辈们借了钱，当然，他的理由是很充足的，他给他们看与父亲的信件，得到了完全的信任。他们甚至对这个迷途知返的浪子感到欣慰，大家还试图在其他方面给予他一些帮助，总之，阿列克谢筹到了一大笔钱。

吉吉尼在这次事件中又起到了狗头军师的作用，是他严密地策划了这次逃亡的整个路线和行程。他早在几天以前就离开俄罗斯开始勘路，在去往哥本哈根路途中的一个城市等待与阿列克谢会合，他与阿列克谢秘密通信来指导他行动，这样做也是为了避嫌，为自己制造不在场证明。

吉吉尼安排的最终逃亡地点是维也纳，投奔德国皇帝查理六世。查理六世娶了阿列克谢亡妻的亲妹妹，所以两人在某种程度上来说还算有些关系。吉吉尼拍着胸脯向阿列克谢保证说："他一定会像欢迎自己的兄弟一样欢迎你！"

当阿列克谢行至里加，此时还处在通往哥本哈根的路线上，阿列克谢撞上了正在回国途中的姑妈。在询问了侄子的去向后，她说："好，早该听你父亲的话。这样皆大欢喜，年纪轻轻的去出家能有什么好处？"阿列克谢回答道："我不知道，我只想找个地方躲起来，永远不被人找到。""那是不可能的，无论你到哪你的父亲都会找到你，他是沙皇！"

不知道是缘于后悔还是绝望，阿列克谢放声大哭。他想如果叶卡捷琳娜能够站在他这边，他应该可以得到一些良好的对待，姑妈又说："别哭，除了自己强大你想指望谁？叶卡捷琳娜吗？你又不是她的孩子！"于是，阿列克谢收起眼泪，在和姑妈辞别后继续逃亡之路。

在和吉吉尼会合以后，两人仔细地规划着下一步，吉吉尼说："你千万不能走回头路，你要按原计划去往格但斯克，在那里掉头直奔维也纳。如果你动摇了选择回国，你的父亲一定会杀了你。"

　　实际上，吉吉尼从未留下任何可以证明自己参与了这次逃亡的证据，就连两人通信都是没有落款的。阿列克谢向那些达官显贵们借钱也是他的主意，这样一旦败露，他就可以将他们栽赃成同谋者。他还以阿列克谢的名义给远在哥本哈根的沙皇写了封信，大致是说，我已经在路上了，不久后就会与陛下会面。但信是派人快马加鞭带到格尼斯堡寄出的，这也是为了迷惑沙皇，尽量拖延时间。

　　后来他们启程前往格但斯克，在那里他们会转向维也纳而不是按照沙皇的要求坐船赶往哥本哈根。所以在某种程度上来说，之前的事仅仅是计划，而到了格但斯克后才开始真正地违背皇命。阿列克谢懦弱的性格又表现出来了，对他来说如果此时决定去哥本哈根，那么逃亡的事情就地蒸发，但父亲在他心中的形象简直太可怕了，无论如何他也没法说服自己再回到父亲身边，所以经过一番挣扎他终于决定改道逃往维也纳。就是这一次决定，他将自己逼上了绝路。

　　沙皇十分了解自己的儿子，见儿子迟迟未到，于是他派出了侦探和一些密使沿路追踪儿子的下落，他们去各个驿站去查看登记记录，根据他们的长相特征去调查线索。后来他们找到了阿列克谢的踪迹，侦探们一直追到了德国境内，但始终总是晚那么一步。

　　一天夜里，阿列克谢终于抵达了维也纳的副首相府。当副首相看到他时被吓了一跳：阿列克谢神情恍惚，先是要求喝一杯，然后带着哭腔，断断续续讲述着他早已准备好的说辞："我恳请皇帝能够救我。我的父亲剥夺了我的自由以及本该属于我的王位继承权，我没犯任何过错，没有违背任何法律。我知道我的体质虚弱，才华不及父亲，那也是因为没有得到良好教育的原因。我的太师缅希科夫王爷对我放任不管，一些坏人诱使我学坏，让我损害健康，我的父亲怎能把造成这些的原因归咎于我？我希望得到继承权，我也有信心能够胜任王位，可现在父亲认为我已经无可救药，还计划把我关在修道院里，我知道这是因为他有了新儿子。皇后和缅希科夫也支持他这样做，没有人帮我。如果我回到他身边，他一定会杀了我，他残暴冷血，哪怕对自己的亲儿子也不会有一丝怜悯的。就算是我能够被赦免，皇后和缅希科夫也会想办法害死我，他们希望彼得·彼得洛维奇登基，显然我挡了他们的路……”

就这样，他们聊了几个小时，查理六世也得知了阿列克谢到来的消息，他决定先将阿列克谢保护起来，因为沙皇的残暴性格在全欧洲都是出了名的。

阿列克谢和他的情妇叶芙洛辛娜被送到一座要塞里，尽管得到了很好的招待，但他们的大门被铁链锁上了，就像对待囚犯那样。不过这位皇子在里面倒是感到十分安全，他对现在的处境十分满意。而此时，沙皇那边已经接到了密探来报：皇子在维也纳。

彼得给查理六世写了信，信中提到如果阿列克谢在维也纳出现，希望国王能够派人将他护送回到父亲的身边。但查理六世却矢口否认，他说他从没有接到过任何关于沙俄皇子到访维也纳的通知。

后来沙皇派遣了更多密探前往维也纳，经过一番周折，他们终于打探到了皇子及其情妇藏身的具体位置。他们在暗中潜伏着，等待时机把这对可怜的小情人强行夺走。

据说那一段时间，整个维也纳到处都是俄国间谍，双方摩擦在即，查理六世无奈，将阿列克谢又转移到意大利那不勒斯。为了解释这样做的原因，他派人将他和沙皇通信的原稿带去给阿列克谢看，皇子看完后浑身发抖，他毫无尊严地跪倒在地呼喊着查理六世的名字："伟大的皇帝，恳求您救我一命，千万不要抛弃我，只要您能够保护我不被带走，在未来的日子里我会唯命是从！"

转移行动就这样秘密进行了，阿列克谢和叶芙洛辛娜乔装打扮，混在仆人的队伍中走出了要塞。但这一切都被监视着，那名俄国侦探不知疲倦地跟随他们，几乎连睡觉都半睁着眼，直到他们抵达了风景优美的那不勒斯，亲眼看见他们走进了那座依山傍海的古堡。

不久，查理六世接到了沙皇的来信：

皇帝陛下，对于你向我隐瞒事实我感到十分意外。

阿列克谢是我的儿子，你应该很容易理解，作为父亲看见自己的儿子不听管教，甚至离家出走、背叛家族是多么让人痛心，况且还被别人以不知何种理由保护起来。

对于这些，我本人都无法接受。希望皇帝陛下能够将我儿子的境遇如实相告。我的特使彼得·托尔斯泰会亲自面见你，与你讨论所有相关事宜，向你表达我的意愿。我必须通过他来得知所有关于儿子的消息，通过他来传递我与儿子的信件。

同时，我的卫队长鲁缅采夫将协助他将我儿子带回来，如果陛下拒绝我的提议，那么这将是无法理解的。无论从法律、风俗还是个人感情，谁也没有权力干涉他人父子之间的私事，何况这个父亲还是沙俄帝国的统治者。

希望你尽快做出决定，我将根据你的决定来考虑我下一步的具体行动。

你的兄弟，彼得。

这封绵里藏针的信让查理六世不得不做出让步，于是他会见了托尔斯泰和鲁缅采夫，他们向他传达了沙皇的意思：不惜任何代价达成目的。

查理六世犯了难，如果把一个前来寻求庇护的人交出去，那么岂不是丧失了国家的威严？但如果不交，彼得一定会不惜任何手段夺走皇子，哪怕是挑起战争，而此时的俄罗斯帝国又不可小视。于是他决定先让双方见面看看情况再作定夺。

一个多月后，两名特使来到那不勒斯，阿列克谢一看到他们就魂飞魄散了。他用颤抖的双手拿着父亲的信，绝望地读着：

儿子！你不仅不听我的劝告，甚至不服从我的命令，现在你竟然选择当了叛徒！在我的家族里，你这样的人也算是空前绝后了！你给我带来极大的悲伤和痛苦，你跑到外国人那里当缩头乌龟就是给你的祖国增添莫大的羞耻！

这是我给你写的最后一封信，托尔斯泰和鲁缅采夫会将我的建议传达给你，如果你有所顾虑，那么我在这里向上帝起誓，只要你乖乖回到我的身边，我绝对不会惩罚你并会继续爱护你；但如果你拒绝，我将像对待一个叛徒一样对待你，并竭尽全力让你受到应有的惩罚！作为父亲，我从未对不起你，我尊重你，总是给你选择的权力！你要相信，上帝是站在我这边的。

在两个使者不断的劝说之下，阿列克谢有些动摇了，他现在搞不清楚父亲到底是真想赦免他还是仅仅给他设个陷阱。于是他对特使说："我需要好好想想。"

后来的会面中，阿列克谢还是摇摆不定，他觉得还是应该先向查理六世那边争取，要知道父亲带给他的阴影持续了二十多年，不是能够凭借一纸书信改变的。但托尔斯泰威胁他："沙皇指示，无论你什么态度我们都要把你带走，区别就是你合作的话，回国就有好日子过；如果你不合作，哪怕是尸体，我们也要把你拖回去！"阿列克谢几近崩溃。

托尔斯泰又在别的渠道想办法了，他花钱买通了一个查理六世派到阿列克谢身边服务的秘书，这个秘书私下里对阿列克谢谎称："查理六世因为惧怕你父亲的威胁，决定将你抛弃。"同时托尔斯泰也在煽风点火："沙皇马上就会到意大利来，谁也无法阻止他。"就连阿列克谢的情妇叶芙洛辛娜也被托尔斯泰收买，让她劝说阿列克谢能够尽快回国。她听信了这些编造的理由，也加入了游说的行列。

阿列克谢再无理由坚持下去了，他宣布将回到俄国，但条件是父亲允许他与叶芙洛辛娜在回到俄罗斯之前完婚，此时这个女人已经怀有身孕了。大家都感叹原来皇子对这个卑微女人的爱是如此深切，而且他们也建议沙皇同意这一请求。

他们认为如果同意他们结婚，那么沙皇就可以向全世界宣告皇子的这次叛逃是因为这个女人；而且查理六世也会因此而记恨阿列克谢欺骗了他，从而不再给他任何逃亡上的支持。

几天以后，阿列克谢鼓足勇气给彼得回信了：

　　仁慈的父亲，我已收到托尔斯泰给我带来的您的亲笔信，我知道您对我是如此关心爱护，这让我羞愧难当。他们说您会宽恕我的所有罪行，我只有满含热泪地向您表示感激。我会跪倒在您面前，祈求您赦免我，尽管我知道什么样的惩罚都不足为过。

　　我十分相信父亲的承诺，我会听从您的意愿，即刻启程回国。

不肖子，阿列克谢

沙皇收到回信的时候刚刚返回圣彼得堡，皇子叛逃的事情传遍欧洲，这让他丢尽了颜面，甚至比输掉一场战争还要羞耻。所以他将不惜一切手段把儿子牢牢抓在手里防止他在外面继续丢人现眼，为此他可以做出任何妥协和承诺，至于对这些诺言是否负责那就是他自己的事情了，无论如何他都不可能饶恕儿子的叛逃行为。

至于儿子提出娶叶芙洛辛娜的事，他并不是十分反感，因为他现在身边的爱人——叶卡捷琳娜——一样出身卑微。他让托尔斯泰给儿子带去口信："如果回国，我将允许你们结婚，婚礼可以在城市或者农村举行。"后来他又给托尔斯泰寄去便条："我儿子能够相信我并启程回到我的身边，我是非常高兴的。他提出要娶那个女人，我也不会拒绝，但是你们告诉他，必须回国以后再举办婚礼，在外国结婚是一件十分丢人的事。你们让他想想：我连这么大的罪行都能够宽恕他，怎么可能不满足他这么一点小小的请求呢？"

阿列克谢得知父亲的口信以后对沙皇彻底深信不疑了，他重新振作了起来，整个护送队伍也因此加快了脚步。

考虑到叶芙洛辛娜有孕在身，阿列克谢决定让她放慢行程，和她兵分两路。自己先跟随两名使者快速返回，叶芙洛辛娜的弟弟留下照顾她，慢慢赶路。

阿列克谢每到一个驿站就要给她写封信询问身体状况，他还给她的弟弟单独传去便条，以祈求的口吻请他一定照顾好姐姐和她肚子里的孩子。

谁都可以看出，他对叶芙洛辛娜的感情一天比一天深厚，但这个女人似乎对他并没有那么深的感情。

叶芙洛辛娜是个芬兰姑娘，在战争中被俘作为奴隶出售，后来被阿列克谢买来。据说，起初阿列克谢只把她当成发泄对象，稍有不从便招来诅咒和毒打，叶芙洛辛娜为了保护自己，被迫与阿列克谢发生关系。随着相处时间变长，阿列克谢竟然爱上了她，加上自己妻子去世，与父亲的针锋相对，他的身边就只有这个女人能够安慰自己了。但作为一个受尽虐待的奴隶，她怎么可能忘记自己遭受的苦难呢？

事实上，他给叶芙洛辛娜寄去的所有感人肺腑的信件都是以一个简单的便条回复的。

5. 审判

阿列克谢一回到俄国，所看到的景象出乎他的意料。沿途各地的百姓并没有将他视为叛国的罪臣，而是对他采取友好的态度，就像一个皇子正常出游那样。似乎大家对他的同情多于责备，这使他很高兴，他一度认为此事就会这么平静地过去了，因为他的父亲立誓要宽恕他，看在上帝的名义上，父亲也不该过于责备他，会继续爱他。

他一返回莫斯科，彼得就以召开会议的名义将所有重要大臣和顾问召集起来，他们丝毫不知道即将要发生什么。克里姆林宫的卫兵比往常多出三倍，他们全部荷枪实弹。在一切准备就绪以后，彼得让人将阿列克谢带了上来。

他一见到自己的儿子便破口大骂，几乎用上了所有最严重的诅咒，彼得面部抽搐，即使在战时也没人见他如此激动过。

阿列克谢完全出乎意料，这和他想象中父亲的宽恕和父亲对他的亲口承诺完全不符。一瞬间他吓得跪倒在地，他一再地忏悔，一边抽泣一边乞求父亲饶恕他，但这为时已晚。此时的彼得完全无法控制自己的情绪，他一想到眼前的亲生儿子曾经背叛自己就更加的癫狂。的确，阿列克谢的行为让自己和国家都陷入了极其危险的境地，这样敏感的出逃事件是极易引发叛乱的，沙皇甚至不知道，在吉吉尼等人的策划之下，一套完备的叛乱方案已经就待实施了。从之前的几次叛乱事件，足以看出这种有组织有计划的行动完全不同于一小撮人的小打小闹，这对政权的威胁是极大的。到时候，阿列克谢会成为叛乱者的口号，事态如果发展起来将一发不可收拾。

沙皇发过脾气，情绪稍为平静后，他盯着面色惨白的阿列克谢冷酷地问他还有什么要求，崩溃的阿列克谢机械地作着揖，毫无底气地说："活着。"

沙皇表示，想要活命必须有两个条件：一，将这次出逃事件的全部细节，包括计划的制定、实施、参与者的姓名一字不漏地汇报给他，哪怕有一丁点隐瞒都不会获得赦免。二，作为一个叛逃者，阿列克谢已经没有任何资格再继承王位了，他需要自愿签署一份关于放弃王位继承权的文件并在上帝面前庄严宣誓，永远不会以任何方式或者借用任何帮助重新获得继承权。

早已崩溃的阿列克谢哪有心思再考虑，他只想赶紧结束这一切。于是在王公大臣、教会成员以及国家所有特权阶级的面前，拿起笔颤抖地写下了声明："伟大的父亲，我深知自己罪不可恕，不论作为王子还是臣民，我背弃了自己的国家，逃避了自己的责任，我不配作为沙俄的王位继承人，特此自愿放弃王位继承权，卑贱地请求您能够宽恕我。"

彼得看了后扶起阿列克谢，将他带到隔壁的一个房间，父子两人展开了单独的谈话。彼得考虑到在场的一些人中很可能有人参与了帮助阿列克谢出逃的阴谋，鉴于阿列克谢懦弱的性格，也许避开他们会使阿列克谢坦白得更加彻底。这次谈话的内容不得而知，但毫无疑问，阿列克谢交代了一些人，因为当他们出来时，彼得马上派遣三名卫队成员分别去往三个方向，好像去执行秘密的逮捕任务。

后来，阿列克谢在相关文件上按了手印以保证此次声明具有法律效用，彼得发布了一个简短的通告：宣布废黜阿列克谢的王位继承权并永远不得恢复；任命彼得·彼得洛维奇为王位继承人；任何人也不得以阿列克谢为借口或者协助其重新获取王位继承权。这份通告是当着所有人面草拟的，彼得命令在场的所有人对着圣经庄严宣誓，以保证在有生之年会完全拥护这份文件。

后来这个文件的副本被分成好多份，分别被放在各大教堂和地方官员集会的地方，在全国范围内宣读这份文件并要求所有听到的人宣誓。

仪式结束后，阿列克谢被囚禁起来，他被严加看守，任何人都不得接近他。

沙皇开始对这件事情展开全面的调查，他将所有的可疑问题全部以文件的形式交给阿列克谢，要求他同样以文件的形式来作出答复。整个调查组在莫斯科设立审判法庭，全国各级高官和教会成员纷纷聚集在此，他们日复一日地商议、判断，一旦发现新的嫌疑人就立即派兵逮捕。嫌疑者被关进牢房，一旦有人不合作或者回答问题的逻辑不够清晰便被送进刑讯室严刑拷打。这是彼得的一贯手段，只要他抓住一个，他就能通过残酷的手段将整个事情翻个底儿朝上，这里面不乏一些被冤枉的人，但尽管这样，也不影响他将整个事情调查得水落石出。

吉吉尼必然是第一个被逮捕的人，尽管他采取了很多方法把自己回避干净，但阿列克谢第一个就将他供了出来，这种指控就意味着判决，不需要任何证据。但他料到自己也许会被阿列克谢出卖，所以他买通了沙皇身边的一个贴身仆人，让他随时通报最新动向。

当沙皇命人逮捕吉吉尼的时候，这个仆人恰巧听到，于是他找了个借口出去给吉吉尼寄了一封加急信通知他有危险。可彼得注意到了这一引人注目的行为，在这样的风口浪尖上，作为一个仆人，这样的做法实在太明目张胆了。后来经过调查属实，仆人被抓走了。这时，警告信已经寄出，所以彼得命人以最快的速度前往吉吉尼的家中逮捕他。这封信和一个50多人的近卫队一起到达了吉吉尼的家中，那时他还在睡觉，一个军官直接给他套上了镣铐，吉吉尼在半梦半醒中被带走了。

阿列克谢交代出了很多人，包括他的管家、大主教，甚至还有他的母亲欧多克亚。彼得还想知道这些人背后真正的反对派和一些颠覆政权的阴谋，但阿列克谢似乎意识到如果将自己牵连到这里面，或许他就要承受更大的罪责，于是他开始闪烁其词，尽管有些事实他是知道的，但为了让自己避嫌，他采取了消极态度。

当然，在后来的审讯中，这些事实都浮出了水面。阿列克谢又不得不解释之前的隐瞒行为，但谎话永远是要靠另一个谎话去维持的。就这样，审查团不断地发现阿列克谢有隐瞒事实的嫌疑，后来，所有人都对他失去了同情心，法官们也不再相信他了。

出人意料的是，就在阿列克谢供出母亲欧多克亚是知情者以后，法庭立刻派人去修道院调查这位前皇后，他们意外地发现，本来被关进修道院进行清苦修行的欧多克亚竟然有了个情夫。

这个人叫格列波夫，他本是到这个地区来征兵的，但看到欧多克亚的处境后竟然起了怜悯之心。他一次又一次派人给欧多克亚送一些衣物食品之类的生活用品，有时候还亲自上门看她，久而久之两人便产生了感情。早已对人生绝望的欧多克亚似乎找到了生活的新希望。她疯狂地爱上了这个年纪轻轻英俊潇洒的军官，而格列波夫也有自己的打算，他想如果有一天皇后能从修道院中出来重新回宫，对他会有很大的帮助。

渐渐的，他们从地下转为公开，他们甚至当着修女的面接吻，同居在修道院里。尽管欧多克亚知道格列波夫有家室，但她依然保持着与他的恋人关系，他们双方密切地互通情书，当然，欧多克亚从没亲自写过这些信，她知道不管怎样，她还是皇后，绝对不能给任何人留下把柄。但愚蠢的格列波夫却在他保留的信封上面备注："皇后"，这让前来搜查的军官们收获颇丰，他们将一大把情书带回去呈给彼得。

彼得十分无奈，儿子的烂事还没处理完，自己的前妻又跑出来丢人现眼。作为一个君主，他算是颜面扫地了。看了这些信，他既愤怒又嫉妒，这些信件言辞露骨，例如"你是我的指路灯，离开你我就无法活下去。我的小宝贝，请你能多爱我一点，哪怕多爱一点点我就知足了！""我的爱人，请你把你穿过的外套送给我，让我闻见你的味道；把你咬过的面包送给我，让我体会你的余温。"等等，最让彼得无法接受的是，欧多克亚竟然管这个男人叫"小宝贝"，在二十年前她就是这样称呼自己的。

是啊，作为一个帝王，应该理解他，即使是自己不要的女人，也是绝不容许她背叛自己的，尽管他们没有触犯任何法律，但彼得还是下令将两人带回了莫斯科。

欧多克亚马上给沙皇写信，信中说："尽管我出家成为修女，但我实在无法忍受当修女的日子，所以我在修道院里过上了世俗人的生活，为此我恳请陛下宽恕我的罪过，我保证从今日起，重新穿上修道服，一辈子再不敢有其他念头。"

她对审查委员会写了封忏悔书并亲自画押，对于她和格列波夫的私情供认不讳。但她绝不承认对沙皇的统治有过丝毫二心，她说自己一心拥护彼得掌权下的帝国，从未有过将其颠覆的想法。

格列波夫那边也坚决否认自己对国家怀有敌意，尽管审查委员会对他施以酷刑，导致他几次奄奄一息，但他仍然意志坚决并未曾因为妄图减轻痛苦而诬赖过任何一个人。

尽管彼得又亲自参加审讯，严刑拷打了包括仆人、修女等几十号人，但所有证据都显示，阿列克谢从来没有参与过什么有组织的叛乱，那些党派或者集团跟他并没有直接的关系。尽管被调查者多数都是阿列克谢的朋友，而并不是什么有政治企图的人，但从没有审查人员理智地对待他们，他们和那些有罪的人一样被折磨得生不如死。

经过几个月的审讯，委员会证实确实有一支强大的力量在反对彼得的改革，他们正在酝酿一场政变，而且他们正准备以阿列克谢作为口号并利用这对儿父子的矛盾来促成这件事。后来，法院进行了判决。判处吉吉尼等主谋"惨绝人寰地死去"；包括大管家在内的一些执行者"正常死亡"；一些持有支持态度的贵族被割掉鼻子和舌头；其他参与者分别被判处"流放""鞭刑""劳动"以及"没收财产"等。

阿列克谢终于松了口气，他朋友们的脑袋四肢就那样挂在广场上，而他本人庆幸自己得到了解脱，眼下，他只等着与怀孕的未婚妻会合，然后结婚。

阿列克谢得知，叶芙洛辛娜一回到俄罗斯便被接进了一个城堡中，彼得先是审讯她的弟弟和身边的仆人，在她分娩后，又被转移到了彼得另外一个住处。叶芙洛辛娜将这些年所受的委屈和所见所闻一并道出，是的，只要是能让自己轻松脱身，将矛盾转移到阿列克谢的身上，她都不遗余力地去这么做。

在意大利时，阿列克谢曾经交代叶芙洛辛娜烧掉他与两位主教以及参议院的通信，当时叶芙洛辛娜满口答应，却暗自将这些信件藏了起来，这充分体现了她对阿列克谢的不信任和敌意，本以为或许有一天这些信件可以成为威胁阿列克谢的一把利器，好让自己狠狠地敲他一笔，没想到这回却成了自己的救命稻草。信的内容大概是如何扭曲事实，编造叛逃的理由，指责沙皇的冷酷无情，还有拉拢教会博得同情。

彼得拿到了信，他又整理了一些叶芙洛辛娜之前交代的阿列克谢与吉吉尼的对话记录，竟然陷入一种疯狂的喜悦，好像终于得到了他一直以来最想得到的——抓住阿列克谢的死穴！此时叶芙洛辛娜已经没有价值了，彼得也并没有让她受到任何伤害，命人将她和孩子软禁在城堡中。

终于有一天，彼得让人把阿列克谢从牢房中带了出来，他来到一个湖边，看着自己的情妇叶芙洛辛娜面容憔悴地和彼得站在一起，他刚想冲上去却被卫兵拦住了，看见叶芙洛辛娜看自己冷酷的眼神，他瞬间明白，连他最爱的人也背叛了他。这时，他失去了全部的求生欲望，他已众叛亲离，就算活下去还有什么意思呢？于是他在彼得递过来的罪名指控书上签了字。阿列克谢甚至亲口承认，他恨父亲，如果叛乱军邀请他当领袖，他会毫不犹豫地答应。

有了这句话就够了。

6. 死亡

阿列克谢又被重新关了起来，他不断地被带出去审问，似乎命运已成定局。

审讯他的并不是常规法庭，而是由127名沙俄权贵组成的非常会议，在他们中集合了教会、军官、贵族等所有沙俄特权阶级，最后他们提出最终建议，呈给沙皇以供参考。说白了，这些人仅仅只是调查者，真正有权判决的只有沙皇。当然，这也无可厚非。

整个会议中分两个委员会，一个是由神职人员组成的宗教委员会，另一个是由贵族和军官们组成的行政委员会。这两个委员会分别办公，拿出自己的意见最终递到沙皇面前。在审理的后期，他们基本掌握了阿列克谢的犯罪事实，实际上，这是明摆着的。

沙皇对宗教委员会讲话的时候这样说道："虽然我知道我完全可以自行决定对我儿子的处置，不需要征求任何人的意见，但有的时候连最好的医生也无法为自己看病，只能求助于他人。鉴于本人对上帝的敬畏，不敢私自处理如此重大的事情，于是现在我把儿子带到你们面前，希望你们能够遵从上帝的旨意，参考圣经中的做法给我拿出你们的处理意见。我想，在这种时候，再没有比上帝的做法更有说服力的了。希望你们所有人都在文件的后面署上自己的名字。"

对行政委员会讲话时，他也一样表达了相同的态度，他说："希望各位能够严肃认真地对待这件事情，完全秉公办理，不要考虑我的情绪，无论你们提出什么样的处理意见，我向上帝发誓我不会怪罪于你们，我只希望弄清楚我的儿子到底应该落得什么样的下场。不管怎样，你们的意见涉及一个人的性命，希望你们不会因为没有给予一个公平的判决而感到良心上的自责。"

宗教委员会认为此事应该十分谨慎，他们是一群十分保守的人，几乎用一生的时间来避免自己的过激行为。实际上，他们十分希望阿列克谢被处以严厉的惩罚，包括死刑。因为此次事件让教会处在一个十分尴尬的处境，有一个地区的大主教甚至是活动的主谋，这种情况下，他们急于表示出自己跟此事毫无干系，证明出现那种人仅仅是教会中的个别现象。但是他们又顾忌彼得的想法，因为毕竟阿列克谢是他的儿子，如果他们给出的处理意见比彼得心里想的要严重得多，那么彼得对教会的印象是否会适得其反呢？所以他们十分不愿意公开谈起处死阿列克谢的事。

他们彼此克制着，谁也不表达看法，终日坐在一起看着圣经，将里面描述子女叛逆的所有段落用笔记下，但仅仅是记下来，为了表示出自己在工作，或者暗示自己的想法。他们一直在强调彼得可以随意根据自己的意见进行处置，他们对这个案件完全没有判决的资格，更不能擅自给出具有指向性的意见，因为这或许会左右彼得真正的判决。但既然彼得让他们提出意见，他们就只好将这些段落原封不动呈给彼得看，以表示这是上帝的指引，至于如何理解这些段落的含义，那就是彼得自己的事情了。

但这些段落指向性却是很强的，例如"对父亲不尊，对母亲不从者，眼睛将被啄木鸟啄掉。""如果对父母有反叛行为，并且反复劝说无效者，他的父母便可以带他去见城中长老，由长老宣布这个孩子具有恶劣的品性，然后全城的人都可以向其投掷石块，直到将他砸死。"

还有一些例子，比如押沙龙妄图推翻父亲的政权，被他的堂哥杀死等等。

选择这些段落的意图很明显，他们完全赞成对犯罪者施以最严重的刑法而不必抱以任何仁慈之心。可他们在整篇报告的结尾却表露出他们的极不情愿，他们说提供这些仅仅是为了完成伟大的沙皇陛下布置的任务，并没有丝毫想要参与判决的意愿，也不希望这些资料会左右判决结果，这些资料完全根据圣经原文记载，也并没有将个人倾向掺杂在其中，他们能保证沙皇看到的是一个非常客观的事实。他们说，神赋予他们引领他人进行忏悔、教诲他人的职责，而并不是对任何人宣判死刑，他们用一生的时间都在学习如何更加宽容地对待世人。

最后他们说，沙皇陛下如果选择惩罚儿子，那么就可按照圣经中的案例加以参考；如果选择宽恕，那么就可以学习伟大的基督。总之，沙皇可以做任何他认为合理的判决。

这些，就是宗教委员会的判决。

而行政委员会在提交报告之前再次审讯了阿列克谢，他们希望最后确认一些当事人的口供。阿列克谢此时已经成为行尸走肉，他只有机械地点头，让他做什么他都不会拒绝的。阿列克谢最后的告白又牵连进来几个人，其中有一个是他曾经进行过忏悔的神父，阿列克谢回忆起有一次他向神父忏悔的细节。他曾对神父说："请原谅的我的罪行，我竟然希望自己的父亲死去。"神父则回答："上帝会原谅你，我的孩子，因为我们都有这样的想法。"这个神父当即被抓，尽管他觉得自己很冤枉，但在严刑下他只好承认这件事是真实的，至于细节如何谁也无法考证。因为阿列克谢此时的精神已经崩溃了，按道理说，他说的任何事情都没有参照的必要了。

后来彼得通过托尔斯泰直接跟阿列克谢谈话，终于获取了供词，这个认罪供词在判决的前一天被提交到了行政委员会。具体的沟通情况是这样的，首先，沙皇给了托尔斯泰一份书面指示：

你马上去见我儿子，你有以下几件事需要了解清楚：

一、为什么一直不听从我的安排总是跟我对着干，同时自己又找不到丝毫有意义的事情去做，然后又去进行这样荒唐的犯罪活动？

二、为什么从来都不惧怕我，执意地违抗我，难道不知道违抗我的后果吗？

三、凭什么觉得以如此的所作所为照样能够获得皇位继承权？

托尔斯泰来到监狱给阿列克谢看了字条，阿列克谢写下了一篇很长的书面答复来回复父亲的问题：

一、事已至此，说什么都晚了，我深知我的罪行罪不可恕，我给家族带来的羞耻是永远的污点，但我想说冰冻三尺非一日之寒，造成今天这样的结局并不是我一人的过错。

我从小就没有经过正统的教育，仆人们让我随心所欲，教师们因为怕我也不敢对我严加管束，所以我养成了玩乐的习惯。

尽管父亲后来开始重视我的教育，希望我学习一些有助于我成为继承人的知识和学科，但我十分不情愿，我更愿意习得神学，所以对于父亲交给我的学习任务我只是在装模作样地拖延时间。

后来缅希科夫王爷当我的太师，但他因为军务繁忙很少前来看管我，只要是他不在的日子里，我就从不想着学习，整天和修道士们混在一起，他们似乎也希望我这样不学无术，我们喝酒、寻花问柳，从不觉得羞耻，吉吉尼总是能带我玩出新的花样。

因为我是个小孩儿，有时候他们训斥我，我十分害怕他们，只能跟随他们的后面，他们让我做什么我就做什么，久而久之，我就对王宫的事不再感兴趣了。父亲常年在外，那时我的母亲又不在身边，我像个孤儿一样，在我绝望的时候只能去找那些所谓的"朋友"。我恨父亲，恨他的国家，恨他的一切。

尽管长大后我理解了父亲的心思，他一心想要将我培养成一个称职的皇储，但无奈，恶习已经养成，那些根深蒂固的东西一辈子也改变不了了。

二、我的叛逆行为和父亲对我的不断纠正成了矛盾的双方，我越来越惧怕父亲，我想逃跑，想永远摆脱他对我的干涉，为了能尽量地使自己远离父亲我甚至不惜伤害自己。

那次我从国外游历回来，父亲让我给他画一个设计图来证明我学有所成，但我根本就不会画，又不敢说自己毫无长进，于是我就想如果开枪将我自己的手掌打穿，就不用画图了。但后来枪出了些问题，子弹没有穿过手掌，但枪火还是将手烧伤了。因此我就躲过了那次考试。

我承认，今天回想当时那种行为，可能我的心理出了问题，这绝对不是简单的惧怕，没有正常人会因为逃避考试而不惜对自己造成如此严重的伤害。

三、我当然不想放弃皇位，但我对父亲的恨和恐惧已经无法让我再跟随在父亲身边，况且我也并不是父亲唯一的继承人。我曾想过做一个傀儡，借助国外的势力推翻父亲的统治，只要有可能，即使发动战争，只要能得到皇位我也在所不惜。

行政委员会分析了所有的材料后，首先做出了和宗教委员会一样的声明，他们说这本来不属于他们的能力范畴，他们没有任何能力和法律支持来充当审判官的身份，但既然沙皇把权力交给他们，他们就决定斗胆做出判决。他们认为，尽管作为一国之君，彼得曾经答应过赦免阿列克谢，但这都是在一定条件下的，其中有一条全民皆知，那就是他完全毫无保留地交代自己的所有罪行和参与的阴谋，同时相关人员的名字一个也不能漏下。阿列克谢并没有遵守这些，相反，起初他闪烁其词，隐瞒了大量真相，将自己摘得一干二净，委员会有理由怀疑，这一切都不排除他有为自己保存元气待他日东山再起的嫌疑。于是委员会宣布阿列克谢失去了豁免权，并宣布他死刑。

最后，全体行政委员会成员签署了这份文件，十分正式地递交给了沙皇。尽管叶卡捷琳娜试图说服丈夫："宽恕他吧，杀死自己的儿子会给后代带来不幸。"但沙皇还是咬着牙十分痛苦地肯定了委员会的意见，并宣布了正式判决的日期。

虽然沙皇对自己的亲儿子仍然怀有感情，在心中真的难以割舍，但当彼得站在一个沙皇的角度上考虑问题的时候这些感情就微不足道了。在他眼里，一个有过反叛想法并加以实施的人是永远不可能回头的，反抗就成了他们永远的念想，只要阿列克谢还活着，他的名字就一定会成为谋反的口号，他的生命就永远是那些意图反叛的人的理由，于是他必须亲口宣告儿子的死刑。

在宣判那天，阿列克谢被带到审判大会的现场，亲耳听到父亲对自己的判决。或许因为体力透支，在回到牢房的当晚，他突发了中风，第二天医生宣布他病危。

后来紧接着又传来了新消息，他们说阿列克谢活不过今天了。沙皇立即前往牢房去看望自己这命不久矣的儿子，当他走进牢房看到阿列克谢奄奄一息躺在病床上那一刻，他再也控制不住了，他过去抱住儿子，眼泪缓缓流下。阿列克谢也哭了，他还在不断陈述着自己的罪行，渴望父亲的原谅，他说希望自己就这样死去，总比死在刑场上要让自己感到欣慰。彼得老泪纵横地原谅了阿列克谢的罪行，他答应为他祈祷。然后就离开了。

没多久，监狱那边就传来了阿列克谢的死讯。彼得向全国发出通告：皇储阿列克谢·彼得洛维奇因患中风死在监狱中。同时他宣布了自己对儿子的宽恕。

我们无法得知此时彼得是松了一口气还是沉浸在丧子之痛中，因为在第二天彼得在圣彼得堡举行了庆祝波尔塔瓦胜利的九周年纪念，教堂里传出了赞美诗的歌声，礼炮齐鸣，庆祝的钟声飘荡在整个圣彼得堡的上空，彼得大摆筵席，礼花将城堡照得分外灿烂。

有人问彼得怎么没戴孝，彼得回答："没有必要为戴罪之人戴孝。"就连叶卡捷琳娜似乎都没缓过神儿来，但彼得神情饱满，畅快地玩儿了一个晚上。

两天以后，阿列克谢的葬礼举行了。他的遗体被黑色天鹅绒覆盖着，这体现了他高贵的地位。沙皇走上灵柩台阶，轻轻亲吻了儿子早已冰冷的嘴唇，或许只有这时，他才抛下一切重新做回了一个慈父。他的眼睛饱含热泪，但却丝毫没有悔意，这一切都是理所应当的。

送葬队伍十分漫长，包括沙皇在内的所有人都手持一个被点亮的小蜡烛，有些人说，他们看到沙皇哭了一路。

这一切告一段落了。那些反对改革的党派再也没有任何的企图，他们已经无法组织起来产生任何的影响了，其实，他们已经分崩离析，死的死逃的逃，流放的流放。欧多克亚被关在一个城堡中，她已经不再自由，就连她的食物都是从一个洞口递进去的。

至于阿列克谢的情妇叶芙洛辛娜，经过一番调查后，人们发现所有的事情她都是被迫加入的，并且没有给予叛逃事件一丁点有利的帮助，而她后来的检举和证词对案件的审理起到很大的推进作用。于是沙皇将阿列克谢的部分遗物赏赐给她作为奖赏，再后来，在皇后的帮助下，她嫁给一个圣彼得堡的军官，安安稳稳度过了余生。

在阿列克谢死后的几年里，民间到处传来风言风语。一些人甚至声称阿列克谢并没有死，只是隐藏在国家的某个角落里，是他的父亲救了他。但这样的流言蜚语没流传几年就销声匿迹了。

第八章 尾声

阿列克谢死后的第二年，彼得唯一的希望，也就是小儿子彼得·彼得洛维奇因为体质太弱，不幸夭折了。

这场新的灾难让沙皇再一次陷入无尽的痛苦中，两个儿子连续两年相继死掉，任何父亲也无法承受这样的打击。他的痉挛病又开始严重发作，尽管叶卡捷琳娜也沉浸在痛苦中，但无论如何在这种情况下她还是有必要先安抚沙皇的，可彼得拒绝让她靠近自己，因为一看到叶卡捷琳娜他就会想起他们两人共同的儿子，这会让他的痉挛加重。

据说彼得把自己锁在房间里谁也不见，所有需要找他商量国事的大臣们都只能隔着门和他对话，后来经过一些人的开导，他终于重新振作了起来。

虽然国内一切事务有条不紊，改革进行得畅通无阻，但这都是一时的，沙皇担心自己死后又会出现一些反对势力，甚至一些外国势力会骚扰阻碍俄罗斯的改革进程。现在的他已经不像过去那么从容，他很憔悴，再加上最后一个儿子的离世，沙皇日渐焦虑，他开始考虑继承人的问题。

虽然他还有几个年轻的女儿，但她们从未接触过政治事务，她们肤浅的让彼得无法信任。尽管叶卡捷琳娜已经举行了加冕仪式，但这并不意味着她具有王位的继承权，这仅仅代表沙皇对妻子深深的敬意和认可。所以彼得现在无时无刻不在考虑着自己的遗书究竟应该怎么写。事实上此时此刻他已经开始考虑叶卡捷琳娜即位的事情了，她既忠诚，又有政治头脑，她曾无数次参与国事并提出有效的意见，也跟随自己经历了无数次战争和内斗，她作为皇后，在人民中享有极高的声誉并受到爱戴。

正当他即将下决心的时候，有人向他举报他一直信赖的妻子叶卡捷琳娜有着一些不可告人的秘密。

据说，随着她的威望日渐提升，她开始滥用自己的权力以此谋得高额的佣金，然后将这些钱全部放在国外。过去，沙皇曾经惩治过类似的行为，但考虑到是自己的妻子再加上她在群众中的影响，沙皇犹豫了，就在这个时候，他得知了一个新消息。

匿名信里指出，叶卡捷琳娜和一个叫蒙斯的宫廷侍卫鬼混在一起。

据说，这件事早就不是什么秘密了，在宫中，除了沙皇本人以外基本都知道个大概，就连出去访问的外交使团都听说了这件事。

据调查，叶卡捷琳娜和蒙斯的交往细节和欧多克亚皇后那件事极为相似，他们通过第三个人传递信件、安排约会，那个人就是叶卡捷琳娜最信任的女侍官。调查团秘密查到了许多证据，加上举报者提供的信息，彼得知道了很多细节，而这些细节又恰恰是让彼得最为心痛的地方，他没有想到自己身边的这位贤妻良母在背地里竟是一名荡妇。

但这回彼得没有马上表露出怒气，他回到宫里，像往常一样和皇后还有其他几位朋友吃饭，其中就有蒙斯，然后他突然命令大家回去睡觉，就这样，他派人在蒙斯的卧室里将他逮捕了，这似乎不需要多么严肃的拷问，所有事实一概明确，蒙斯供认不讳。

他被以另一项罪名判刑，而不是与皇后私通，但谁都知道这其中的缘由，在众目睽睽之下，叶卡捷琳娜泰然自若，其他人则十分惊恐，这样敏感的事情发生在沙皇与皇后之间，他们甚至都担忧起自己的安全，好像是火山爆发的前夕一样。

在行刑的那天，皇后亲眼看着情人的脑袋从脖子上被砍下，她表现出了异常的镇定。在之后，她甚至去和其他公主们研究跳舞的步伐，但人人都能看出来，她是在全力掩饰自己的情绪，这样的掩饰无济于事，因为在众所周知的事实面前，仿佛人人都能穿过胸口看到她的心，大家都十分关心这个皇后的命运。

第二天沙皇宣布，以后所有人都不得执行皇后的任何命令，他不仅查封了妻子的不法所得，甚至还不给她一分钱，以至于一段时期内皇后到处去借钱。

毫无疑问，彼得从来就不是一个宽宏大量的人，况且这次是妻子对自己不忠。话说回来，彼得人生的几次恋爱都是掺杂着妻子不忠的事实，第一次是欧多克亚，事实前文已经叙述详尽；第二次是一个叫安娜的女人，她本来是彼得最爱的女人，但她趁着彼得出访欧洲的时候和别人约会，被抓个正着。这是第三次，一个男人的一生中，如果仅有的三个女人都背叛了自己，那么就有无数种理由得到人们的同情了。这回，无论他如何报复皇后，如何惩罚她的罪行，也许都能够得到相应的理解。

但这次彼得似乎在有意克制，尽管有些时候他忍不住砸东西，并对着皇后大喊：“这就是你和你的家人最终的下场！”但叶卡捷琳娜却冷静地说：“你砸了这些最美的东西，你觉得你的家现在变得更漂亮了吗？"彼得还带着她来到挂有蒙斯头颅和四肢的广场，他拉着皇后从各个方向走来走去，尽管她看见了蒙斯那惊恐的双眼，但皇后还是能保持优雅的身姿和礼貌的微笑，这些都让彼得更加窝火。

当晚，叶卡捷琳娜回到房间后，发现桌子上摆着一个玻璃器皿，里面泡着蒙斯的头，看着昔日的情人狰狞的面孔，她没有表现出丝毫畏惧，甚至都没去转动它，就让那张脸对着自己，一连持续好几天。

后来彼得不得不佩服她非常人般的意志力，他对皇后无可奈何，但这也不表示自己宽恕了她。他们冷战、分居。后来他的两个女儿面临出嫁的问题，外国大使们来信说：如果她们的母亲受到任何方式的侮辱或者歧视，那么他们将重新考虑两国和亲的问题。

彼得折腾够了，他已经逐渐淡化这件事了，一方面是因为彼得的年纪，他的身体不再像年轻时那样时刻充满活力；另一方面，皇后以不变应万变、以柔克刚的态度最终使自己泄了气。皇后经过长时间的谦卑和礼让，最终让彼得同意妥协。他们两人在一起吃了饭，具体对话内容没有人知道，但这顿饭持续了三个多小时。

一时间彼得成了一个可怜的人，他失去了两个儿子，被三个女人背叛，他的身边再无可以信任的人。哪怕是缅希科夫那样的发小儿也被他发现一些利用特权谋取钱财的不轨行为，他觉得十分孤独。这些年来，他一再承受着巨大的悲痛，最后这件事把他的身体彻底打垮了。

他患有严重的肾病，肾脏功能已经日渐衰竭，他的腿部开始浮肿到影响他出行的地步，同时他依然终日大量饮酒。

　　他丝毫没有意识到自己该调养身体了，一直我行我素，他到处乱跑，一次听见一个德国面包师家中人声嘈杂十分热闹，于是独自走进了他们家跟对方开怀畅饮，这些人都被吓坏了，无奈只能一杯一杯地陪着沙皇把自己灌得酩酊大醉。

　　他依然对一切都抱有好奇心，对制造业的一切工序都充满兴趣。还有一次，他走在大街上，看到铁匠在打铁，于是他夺过对方的工具，在铁砧前亲自打了几百公斤的铁块儿，然后他管铁匠铺老板要了工钱，他说："我要用挣的钱为自己买一双鞋。"

　　后来有一天，他在巡查的时候发现一艘船出现了险情，它搁浅在离岸边不远的一处礁石上，船体已经开始漏水，船上的人慌作一团。沙皇不由分说，直接跳进冰冷的海水奋力营救，海水一直没到沙皇的胸部。

　　这样一个人，为了达到目的，他从来都把人的生命看成最小的代价，有成千上万的人枉死在他的手里，而现在他却不顾生命去解救这些毫无干系的船员。这一行为不能仅仅解释成他本身对于船员有种亲切感，而更愿意相信此情此景是出自于沙皇的真性情。当所有船员都回到陆地时，他异常喜悦。然后，他就倒了下去。

　　这次事件让他本已虚弱的身体更加不堪一击，他发着高烧，却强撑着在圣诞节期间大摆筵席，大量饮酒，医嘱对他来说简直是最没用的废话。

　　后来，他已经虚弱得再也起不来了。但就算是这样，他也没闲着。他一直考虑着将发展重心从对外关系和军事方面转向国内文化艺术科学等领域。

1725年1月，医生诊断出彼得患有肾结石加上一些其他病症引起的并发症，后来彼得疼痛难忍，由一个英国医生来给他做了穿刺手术。

据医疗记录记载，当时抽取了3.8公升尿液，情况比想象的还要糟，在患病处已经开始出现溃烂的迹象。后来沙皇感觉稍微好了点，他开始有力气少量的进食，其余时间都用在虔诚的祈祷上，他知道自己时日无多了，他忏悔自己的罪行，希望升入天堂。没多久，他的病情继续恶化，有时候他会疼昏过去。

在此期间皇后一直守在他的身边，寸步不离。当她看见彼得痛苦的样子时，自己也情不自禁流下眼泪；当彼得不省人事的时候，她会放声痛哭，把自己也哭昏过去。谁也不知道她这样的行为是发自内心还是演戏。但从客观上来讲，彼得的死去对她来说却是一种解脱。

沙皇病危的消息传遍了全城，大家纷纷聚集在教堂里祈祷。但我们不能指望这样一个人的病危能够换来所有人的祈福。

作为一个帝国的沙皇，他的功绩是无可厚非的。他让国家跻身于强国的行列；他将国土的疆域大面积扩大了，甚至他们有了属于自己的海域；他引进了大量的新技术，建造了城市，从某种程度上来说，老百姓们的日子的确过得更好了。但一般的老百姓并不看重这些，在他们眼里，仅仅是自己穿上了奇怪的衣服，用上了奇怪的工具，而他们要为这些无关紧要的东西付出更多的税赋、劳力。运河、城市虽然宏伟壮观，但那下面埋葬着他们同胞的尸体，或许他们更愿意用整个波罗的海和圣彼得堡去换那些无辜百姓的生命。

此时沙皇仍旧没有对外宣布王位的继承人，如果还不宣布或许就来不及了，那么阿列克谢的儿子将按顺序即位。叶卡捷琳娜也紧张得坐立不安，她不敢向彼得提出关于成为继承人的要求，要是那件事没有发生，或许她现在早就开始处理朝政了。她和彼得后来长期冷战，尽管她在彼得卧床不起的那段时期悉心照料，那也不便于在这种微妙的时期提起那样敏感的话题。但她并未放弃，她一面跟彼得哭泣，暗示自己多么希望帮助彼得分忧，而另一边她在跟旧情人缅希科夫商量对策。

1月26日，沙皇的神智似乎恢复了一些，他交代了一些后事，但都没有提起皇位的事情，他签署了几个法令，赦免了一批犯人。

第二天，他似乎终于考虑好了，他叫人拿来纸笔躺在床上当着众人的面写下："将一切交给……"但由于力气微弱，笔从手指间滑落在地。然后他再次昏迷了。在场的人心急如焚，过了一会儿他苏醒了，将自己的女儿安娜叫到枕头边，示意他要口述交代余下的部分，安娜急忙俯下身子倾听，叶卡捷琳娜第一次显现出惴惴不安的神情，等待着最后的结果。

然后沙皇突然开始喘着粗气，剧烈地扭动身体，整个人处在痉挛的状态，他翻着白眼，就像是中毒了那样，牧师在旁边做着祷告，半分钟后，他回归平静，没能说出继承者的名字，此后又陷入了深深的昏迷。

叶卡捷琳娜和缅希科夫在一旁密切商讨着下一步如何操作。

宫廷里当时产生了两种意见，一种是血统派，认为就该由阿列克谢的小儿子来登基，但这些人势力薄弱，毫无竞争的资本。另一派就是以缅希科夫、托尔斯泰等人为代表的一些一直以来都是沙皇手下得力干将的这群精英们，他们知道如果叶卡捷琳娜皇后登基，这个女人依然要仰仗他们来治国，那么他们将拥有这个国家真正的控制权，他们实力强大，获得教会的默许，还有军队上的大力支持，所以办起事来游刃有余。

他们很快就打通各个阶层的关系，让他们对一个女皇即将登基做好心理准备。

1月28日凌晨，彼得的呼吸变得异常急促，面部又开始出现恐怖的痉挛，他开始拼命挣扎，此时他仅仅是个普通人，为了求生表现出了人的本能，在凌晨5点的时候，他终于与世长辞了。

叶卡捷琳娜跪在地上大喊："上帝啊！请打开天堂之门，欢迎这高尚的灵魂！"彼得双手交叉在胸前，床边被围上了一圈白色蜡烛，全城所有的教堂一起鸣响了丧钟！就在彼得遗体还躺在卧榻上的时候，叶卡捷琳娜早已冒着雪来到了参议院，事实上，她是来接受"安排"的。彼得的秘书宣布，沙皇生前并没有留下任何遗嘱来说明继承人的问题，但缅希科夫表示：既然叶卡捷琳娜皇后被沙皇加冕过，那就说明在沙皇心中默认皇后为合法的王位继承人。事实上，这是纯粹的臆想，没有任何一个国家承认加冕就意味着授予继承权。但议员们早已跟缅希科夫串通好，他们一致认同缅希科夫王爷的看法，于是叶卡捷琳娜一世就这样被宣布成了沙俄历史上第一位女皇。

还有少数的血统派聚集起来表示强烈的抗议，但就在这时支持叶卡捷琳娜的近卫军们一下子涌进了冬宫大厅，他们欢呼着拥戴新女皇，同时大喊着效忠的口号，血统派被这样的气势吓坏了，悄悄地低下了头。

沙皇的遗体被涂满香料，运到皇宫的前厅中央，人们慢慢地从灵柩面前走过，瞻仰这位曾经叱咤风云如今却沉默安宁的壮汉，近卫军们在旁边一动不动地守卫着。在权贵们心中，这位沙皇给他们带来的是无比的敬畏，没人说得出这是怎样的感受，他们今天的强大的地位和先进优越的生活都是眼前这个巨人创造的，为此它曾杀害过无数人的性命，受到无数人的背叛，而当他完成了这一切后，本人却只能躺在这里永远沉睡。

皇后在很长的一段时间内都反对盖上棺盖，她每天早晚都要花上一定的时间去陪伴彼得，她拉着彼得的大手不停地亲吻、哭泣。人们再一次困惑了，他们本以为满腹阴谋的叶卡捷琳娜此时又变得如此痴情。

后来尸体还是发黑，浮肿，变臭。而就在此时，彼得和皇后的小女儿纳塔莉娅因患麻疹不治而亡，皇后强忍着悲痛将二人同时下葬。

下葬的那天，送葬队伍冒着鹅毛大雪夹杂着大块的冰雹启程了，彼得的灵柩由二十名军官抬着，大批神甫围在灵柩周边。叶卡捷琳娜身披着孝，由缅希科夫和阿普拉欣搀扶着。她的两个女儿跟在后面。其他所有的显赫贵族们在恶劣的天气下脱帽以示哀悼，在队伍末尾缓慢地前行。

他们花了几个小时的时间终于来到教堂，但教堂的容量有限，许多人就这样光着脑袋冒着雪站在外边哭泣。大主教念完悼词，144门要塞的大炮最后一次向漫天飞舞的暴雪中鸣放，然后棺盖终于关上，彼得抱着他的小女儿永远地沉睡在地下了。

后来叶卡捷琳娜举行登基仪式，为了庆祝，她释放了一些囚犯，召回了一部分被放逐的罪人，将一些罪犯的尸体从杆子和车轮上取下来交给其亲友掩埋，但好景不长，两年以后她死于一场高烧。

接着，人们把欧多克亚从城堡里放了出来，她还不知道怎么回事呢，这时有人告诉她，她的亲孙子是新沙皇彼得二世。

于是她又重新回到人间，她穿上华丽的衣服，回到金色的皇宫，但她早已心如止水，后来欧多克亚决定重新回到修道院中，以祷告和回忆来度过自己的余生。

彼得二世登基后，整个朝政都由缅希科夫一手掌控，他像个暴君一样到处施以暴政，但他并没有暴君的才华，所以不久以后他的所作所为引发了众怒，缅希科夫被逮捕，然后被流放，穷困潦倒死于西伯利亚。

三十多年以后，俄国历史上出现了第二位女皇，叶卡捷琳娜二世，是她真正将彼得的政治理念继承和发扬光大，让俄罗斯的版图进一步扩张，经济高速发展。她与彼得并称俄罗斯历史上两位大帝，同时也是世界上唯一一位女大帝……

附 录

彼得一世生平

1672年5月30日，纳塔莉娅·纳雷什金为罗曼诺夫王朝的第二位沙皇阿列克谢·米哈伊洛维奇生下了一个儿子，取名为彼得·阿列克谢耶维奇。

1682年，年仅十岁的小彼得被拥立为沙皇。

后来，他的姐姐索菲娅联合射击军发动政变，彼得和母亲被迫住在莫斯科郊外。在那里，彼得通过玩儿军事游戏认识一队伙伴，这些人有一部分在后来成了彼得手下的得力干将。

1689年8月，索菲娅发现彼得及其军事团体已经初具规模，于是发动兵变，企图杀死彼得，但是阴谋失败，索菲娅被送进修道院。同年，彼得与欧多克亚结婚。

1695年1月，彼得率领几万人向南进军属土耳其管辖的亚速，但因为没有海军，无法全方位地对抗土军，以失败告终。次年春天，彼得率领新建造的战舰重返亚速一雪前耻并占领该地。

1697年，彼得隐姓埋名，开始率考察使团出访西欧各国。这次出行为后来的一系列改革奠定了基础。

1698年，彼得会见波兰国王奥古斯特二世，两人交好，为后来的同盟奠定基础，同年，他"剪掉"了所有男人的胡须。

1699年12月，彼得提出废除俄国传统历法，全国范围内实行欧洲通用历法。

彼得对国家行政机构进行了全面改革，加强了中央集权。同时又围绕着军队开展了一系列的改革。他兴办造船厂、兵工厂。引进国外的军事将领和普及外国先进的战术理论，扩大征兵，整合了一个强大的军队。

后来彼得放弃了黑海地区，将视野转向波罗的海，他将矛头对准瑞典。

1700年，彼得跟奥斯曼帝国正式签署和平协议，同年，彼得率几万人围攻了纳尔瓦城。但因为联盟的崩溃，加上低估了瑞典军队的战斗力，纳尔瓦战役惨败。

彼得利用查理十二世远征波兰的时机加快军事改革，重组部队，集中全国资源建造新式武器和战船。

1703年，彼得拥有了波罗的海的出海口，他开始兴建大城市圣彼得堡，并逐步打造波罗的海舰队。

1709年，俄军赢得波尔塔瓦战役，这场胜利是大北方战争的转折点，从此查理十二世一蹶不振，俄罗斯成为欧洲列强之一。

1712年，他将首都迁到圣彼得堡，同年与同居多年的叶卡捷琳娜正式结婚。

1717年二度访问欧洲，与法兰西正式结盟。因为儿子阿列克谢叛逃而返回国内，次年阿列克谢去世。

1721年，大北方战争正式结束，双方签订和约，俄国赢得大量割让土地，成了名副其实的波罗的海霸主。后来枢密院尊称沙皇为"彼得大帝"还有"祖国之父"，俄罗斯正式更名为俄罗斯帝国。

1725年，彼得与世长辞，叶卡捷琳娜皇后即位，成为叶卡捷琳娜一世。

彼得一世年表

1672年5月30日，彼得出生。

1682年，十岁的彼得王子被拥立为沙皇。

1689年，夺回政权，与伊凡共同执政。

1695年1月，远征亚速。

1696年，建造第一支海军舰队。

1697年，出访欧洲。

1698年，胡须改革，镇压宫廷叛乱。

1699年12月，实行新历。

1700年，俄瑞开战。

1701年，成立航海学校。

1703年，开始兴建圣彼得堡。

1709年，赢得波尔塔瓦战役。

1712年，迁都圣彼得堡，迎娶叶卡捷琳娜

1717年，二度访问欧洲。

1721年，大北方战争结束，俄罗斯大获全胜。彼得被授予"大帝"称号。

1725年，彼得去世。